なぜ自民党の支持率は上がらないのか
～政変願望

中谷 元

GENTOSHA

はじめに

旭山動物園で見た野党・自民党の姿

北海道・旭川の旭山動物園には、ペンギン・アザラシ・ホッキョクグマの見学施設に加え、「チンパンジーの森」というコーナーがある。ここは、南方のジャングルを模した大型ドームで、中にはトーテムポールが作られ、地下から突き出したアクリルガラス窓から、ボス猿を中心に活動するサルの生態を自然なまま、見学できるように工夫されている。

見学をするためには、地下に降りて行かなくてはならない。その地下道の途中には、檻《おり》に囲まれた暗室がある。そこには、数匹のチンパンジーが一塊になって、ひっそりと肩を寄せ合っているのだ。

よく見ると、真ん中にいるボス猿がしっかりと仲間を抱えるように睦《むつ》み合っている。それは、暗闇の中で時間が経つのをじっと耐え忍んでいるようにも見える。

「このサルの群れは、野党に転落した自民党の姿のようではないか」。そう思い、思わず苦笑した。表では注目を集め、華々しくあるいは楽しそうに活動している与党ザルがいる一方で、かたや地下の日の当たらない密室には、黙殺され、うつむいて、じっと時を待つ野党ザルがいる。

私は、案内の飼育係の人に聞いてみた。

「なぜ、地上で一緒に遊ばせてあげないのですか？」

すると、こんな答えが返ってきた。

「もし、地下のチンパンジーを地上に上げたら、その途端にエサの奪い合いが始まります。縄張り争いで大ゲンカになるのです。もめごともなく、平穏に暮らしているサルの群れでも、違う群れのサルが縄張りを侵せば、途端に権力闘争が起こります。そして、仲間割れを起こし、組織の秩序が崩れ、争いの絶えない場になってしまうのです。だから、同時に2つのサルの群れを地上施設に上げることは禁物なのですよ」

なるほど、群れの違うチンパンジー同士の同居は、動物学的に難しいというわけだ。それゆえ、一定時間で入れ替えて、お互いに違う群れのサルに遭遇しないように工夫している。どうやって入れ替えをするか、エサはどう与えるか、交代時間はどうするか、さまざまに気を配っているそうだ。これでは、ここでの大連立も政界再編もなかなか難しいであろう。

しかし、我々は人間である。まして政治家は、国会でこの国の在り方、将来の日本の姿を語らなければならない。与党と野党が、政権争いをして、権力闘争に明け暮れていたら、国は乱れ、国民生活は困窮し、他国にも後れを取ってしまう。

いっそ、政党の枠をなくしてしまおうかとの議論があるが、そうすれば、与党も野党もなく、論点も、ルールも、慣例もなくなって、論戦のない国会となってしまう。議会制民主主義による国民の統治システムは、機能しなくなってしまうのだ。

戦前には、国民の政治への不満から全体主義となり、大政翼賛会が出現し、国会の機能が失われてしまった。再びそのようなことがあってはならない。

今、必要なのは、国民の声を反映させるために知恵を出し、ルールを作り、国会での議論や政党の在り方を変え、国民を安心させることなのである。

政権交代から2年が経過し、民主党の3人目の総理大臣となる野田佳彦内閣が誕生した。当初は、自民党との大連立や部分連立を模索していたが、野田氏は、総理大臣に就任すると、党内の派閥均衡人事、挙党一致体制を重視した役員人事を行い、自らの政権基盤を強化した。

強いボス猿は力で権力を維持し、弱いボス猿は群れをまとめきれず、次のボスにとってかわられる。それが政界の常識であるが、国民に選ばれた、選良なる政治家は、単なるお山のボス猿ではない。権力闘争ではなく議論、論戦で日本の次の課題を解決しなければならない。

日本の政治家に欠けているものは

国会の開会式には、天皇陛下が国会に来られて、このようなお言葉を述べられる。

「全国民を代表する皆さんと一堂に会することは、私の深く喜びとするところであります。ここに、国会が、国権の最高機関として、当面する内外の諸問題に対処するに当たり、その使命を十分に果たし、国民の信託に応えることを切に希望します」

日本国憲法において、国民が最高権利者であり、選挙で代議士を選出して、その代表者に国政をゆだねている。英国では、国会議員は、国家のエリートとしてナイト（騎士）という称号が与えられ、「ノブレス・オブリージュ」という高い倫理観を持って、自らの信念と見識で、国の政治を引っ張っている。

日本の政治家も、誇りと志を持って、与党も野党も、お互いに切磋琢磨し、論戦し、国家の発展のため、国民のために力を合わせなければならないが、永田町のフィールドの中では、なかなか折り合えない部分がある。

今、国民の多くは、現在の政治に対し、多くの不満と憤慨《ふんがい》の念を持って見ている。

「与野党の政治家たちは、いったい、何を考え、何をしているのか」

これまでの、民主党政権のもとでの数々の出来事の中で、自分だったらどうするのか、与党だったらどうあるべきか、日々、私のホームページのブログに、「時事刻々」として書き記してきたことをここに紹介し、国民主権者である皆さんとともに、今の日本の抱えている課題を考え、その答えを導き出していきたい。

なぜ自民党の支持率は上がらないのか～政変願望　目次

第1章 自民党には、対案がある

第2章

民主党政権の真実

第3章

防衛の真実

第4章

政治とは何か？

終章

志国私想
——政治は何をしなければならないのか

装幀　平川彰（幻冬舎デザイン室）
協力　向山勇（ウィット）
DTP　美創

● 序章

これからの日本、私ならこうする

～中谷 元の船中八策～

1 国を成長させる経済政策を実施すべし

景気回復のためには、インフレターゲットを要求すべきである。日本はデフレ・円高・株安の三重苦によって景気は低迷したまま。それを克服するためには、日本経済が3％伸びることを目標とする、日銀アコード（政府と日銀との協定）を実施し、インフレターゲットを要求すべきだ。

インフレターゲットは、日銀が円の供給量を増やすために、国債を買い取ることにつながる。言い換えれば、円を輪転機で印刷して、市場への供給量を増やすことになる。

しかし、これは劇薬だ。経済の安定のための警報装置を止めたことになるから、思わぬ副作用や信用失墜のリスクが伴う。政局にすることは禁物で、与野党で力を合わせ行っていかねばならない。

インフレターゲットのメリットは、「円安になり、輸出産業が楽になる」ことだ。日系企業による海外での買収が加速し、インフレが進むため、過去の借金は、将来安く返せることになる。

デメリットは物価が上昇し、金利が上がること。食料・ガソリンが値上がりすると、消費者は買い控え、高金利で内需は縮小し、モノが売れなくなる。そうなれば、景気は回復しない。このため、物価上昇対策として、特に食料品の値上がりに備えた措置が必要となる。

景気対策が失敗すれば、国債の大量発行は続き、円の信頼は失墜する。ますます円安・ドル高になり、財政が破たんするだろう。そうなれば、ＩＭＦ（国際通貨基金）が介入してきて、ギリシャのようになる。

つまり、国家予算は48兆円の歳入しかないのだから、48兆円の歳出しか認められなくなる。結果、公務員の給料が払えなくなり、年金、補助金、防衛費なども削減され、国家としての国民へのすべてのサービスが停止してしまう。

現在、日本がＧＤＰ（国内総生産）で世界3位である貿易立国・投資立国としての地位を守るためには、今後とも世界のヘッドクオーター機能としての本社、研究機関、マザー工場を国内において維持し、円高、デフレ対策に全力をあげるべきである。

2 財政を立て直すため、財政再建を進めるべし

日本の予算をざっくり言えば、収入である税収は年間40兆円。それに、44兆円の国債を発行し、税外収入の8兆円を加え、合計92兆円の予算を組んでいる。

この92兆円の使い道は、国債返済に22兆円、地方交付税に17兆円、残りの53兆円が一般歳出である。

一般歳出とは何か。大まかな内訳を言えば、29兆円が社会保障の経費であり、残りの24兆円で防衛費や農林、公共事業、教育予算などの国民の国家経費を賄っているのだ。

つまり、使える予算の半分以上が社会保障費になっており、さらに年々増え続ける社会保障費を確保するには、他の予算を削減せざるを得ない。速やかに消費税を10%に上げ、社会保障の財源を補てんしなければならない。そのためにも早期に与野党で協議会を開催し、自民党は消費税法案に賛成すべきである。

消費税増税法案が閣議決定され、国会に提出されたが、民主党内、連立与党内で混乱が続いている。かつて自民党において、売上税がつぶれたのは、党内の足元が定かではな

かったからであり、増税をするときは、まず、党内、政権内の足元がしっかりしないといけない。民主党内において、小沢グループは、増税に反対であり、野田内閣をつぶすとまで言っている。こんな人が、政治の主導権を握ってきたから日本の政治はおかしくなってしまった。私は、社会保障を維持する消費税を上げるためなら、野田総理と手を結んで、税と社会保障の改革をやり遂げなければならないと考えている。そのときは、私の信念を貫いていくつもりである。

3 年金・医療・介護・少子化など、安心できる社会保障の制度を確立すべし

社会保障と税の一体改革の大綱が閣議決定されたが、残念なのは、最低保障年金、厚生・共済・国民年金の一元化、無年金救済対策をどうするつもりなのか、年金の整理がされていない。7万円の最低保障年金は、いくらの収入の人がもらえて、いくらの人がもらえないのか。

また、そのためにはさらに8％の消費税アップが必要というが、国民負担を考えると、

安易に実施すべきではない。

民主党はこれまで、厚生・共済・国民年金の一元化を言い続けてきた。しかし、毎月1万5000円の掛け金を支払っている国民年金加入の自営業者が、一律15％の所得比例年金になると、400万円の年収の人は、年間60万払うことになる。月5万円払うとなると、今の3倍強の出費だ。それに対して、給付はどれほどになるのか、まだ答えてはいない。

2020年の財政黒字化を目指すためには、単純計算で17～18％の消費税が必要となる。その上、最低保障年金を確保するには、さらに8％が必要だとすると、消費税は25％になる。民主党は、マニフェストにこだわっているようであるが、野田総理は、これを断念する決断をすべきである。

4 行政の無駄を省く、行政改革を断行すべし

政府の提案する消費税3％の増税分による増収は7兆円である。現在、国・地方の公務員の人件費、独立行政法人、地方教職員のなどの補助人件費の総額は35兆円である。民主党の公約の通り、公務員の人件費を2割削減すると、その分がちょうど7兆円となる。ま

さに消費税増税分と一致するのだ。

民主党が政権公約を果たせば、消費税を上げなくてもいいことになるが、地方においても、さらなる無駄な経費を削減し、官民格差を是正すべきである。また、民主党は、社会保障と税の一体改革を主張する前に、「子ども手当、農業の戸別所得補償、7万円の最低保障年金、後期高齢者の医療改革、年金の一元化」などの公約を取り下げ、あらゆる無駄な行政経費の削減を実施すべきである。

5 「富国有徳」の人を育てよ

日本人の「和と絆」の精神は、世界に誇るべき気質である。日本が再び、世界の国々から、名誉ある評価が得られる国になるには、忍耐力、寛容力を備えた徳の心を大事にする「富国有徳」の国を目指し、そのための人材を育成することが大事である。この「富国有徳」の国とは、温かで美しい国であり、自由、民主、平等、博愛、自主・自律を基本として、公平で公正な政府が、生産性の高い、税金の少ない国家を経営することである。

そのためには、正しい心と意欲に富んだ人物に育ててあげる必要があり、幼児教育から、初等・中等教育において、正しい知識を身につけ、徳育を養い、心身を鍛えるべきである。18歳からは2年間、自衛隊に入隊し、規則正しい規律や団体生活での自己鍛錬を通じて、日本の国家防衛、国際平和協力に務め、一般社会人としても、国家の経済発展に寄与し、社会全体が、次の日本を担うための子孫を育て、さらに国を発展させ、世界に貢献できる人材を輩出できるような教育を行う必要がある。

6 国土を強靭化させるため、地方の公共事業を増やすべし

東日本大震災から、1年が経過した。だが、いまだ復興は進んでいない。がれきの量は、全部で2253万トンあるが、処理されたのは118万トン。全体の5％でしかない。しかも、がれきの受け入れ先は、まだあまり決まっていない。

心ある町では、がれきを受け入れることを首長が宣言すると、途端に反対運動が起こり、それをメディアが報道し、ますます後退する。だから、がれきの処理が進まないのだ。知事会、市町村会は、がれきを引き受けるために、どんな議論をしているのか。お互い支え合い、助け合う、日本の社会はどうなったのか。まさに政治のリーダーシップが必要であ

り、国がもっと、がれき処理の安全対策、管理、特別な予算措置を行い、地方の不安材料をなくさないといけない。

復旧予算も半分しか手がついていない状況で、高台移転も計画が遅れ、人手も不足している。まさに、国と地方の調整不足がいまだ生じており、取り返さなければならないのは、国と地方の絆の再構築である。今回の東日本大震災の教訓を生かし、もっと災害に強い国土を造るためには、防災、道路ネットワークの整備や危機管理のための公共事業予算を増やす必要がある。

7 外交・安全保障を強化せよ

民主党政権になって、外交・安全保障が弱くなっている。日米の地域的な抑止力を強化するため、米軍、自衛隊との協力・訓練の質的向上、拡大が必要だ。HNS[※1]（ホストネーションサポート）の受動的立場から、HRS[※2]（ホストリージョンサポート）としての地域を安定させるという能動的立場へ転換すべきである。

今回の在沖縄米海兵隊の普天間基地切り離しでの先行移転に際してもそうだ。自衛隊は米軍とともに、海外での活動の拠点として、グアム、オーストラリアに連絡事務所や司令部を駐留させるべきだろう。

米国のローテーションの経費も、日米双方で負担し合うような緊密性が必要である。また、地域抑止の日米共同声明のアジェンダに向けて、周辺事態法（ガイドライン法）の充実・強化を日米間で協議すべきであり、現在、海上自衛隊の洋上補給に限定されている内容を、輸送、捜索救難、対戦能力の向上が可能になるよう法律の改正を行うべきである。

在沖縄米海兵隊8000人の移動は、4700人程度の下士官や隊員の移動にとどめる。そして、司令部のあるキャンプ・ハンセンに自衛隊の旅団司令部を師団司令部に格上げして移転させる。そうやって、日米の指揮系統、司令部間の連携を強化すべきである。

また、中国、ロシアの軍事力増強に対し、我が国においても空母や原子力潜水艦を保有できるように防衛大綱、中期防衛計画の見直しを行い、九州南西方面での陸海空の自衛隊部隊の編成を強化させ、日米間での情報提供や共有化、武器輸出の緩和、装備の共同開発（F35の生産体制）や技術協力など、さらなる緊密な協力のための協議が必要である。

8 国家の基本法である憲法の改正を急ぐべし

国会に憲法審査会が設置された。早期に国会で憲法改正の議論を開始し、国民投票のための改正手続きに入るべきである。本来、日本国憲法は、占領時代の主権を喪失した時代に作られた、受動的な内容であるべきではないし、いつまでもあいまいな解釈で放置すべきではない。

天皇の地位、国旗・国家、元号、国防軍と領土・領海の保全の明記、集団的自衛権や軍事裁判所の設置、外国人参政権、在外邦人の保護、家族の絆、犯罪被害者に対する配慮、緊急事態の規定など、国家として必要なものは、しっかりと定義すべきである。憲法は、自分たちの基本法であり、国民自らがしっかりと国家を守り、運営していくという決意が必要である。

これからの日本に必要な8つの目標を明示したが、「朝《あした》に道を聞かば、夕べに死すとも可なり」という。今の日本は、この先どうなるのかといった不安と憤慨《ふんがい》が満ち溢れている。

私は、「冷静に、落ち着いて、地道に努力しようではないか」と言いたい。

困難に際しては、奇をてらっても始まらない。我々には、これまでの蓄積がある。戦後のさまざまな制度・政策があって、現在の繁栄社会がある。何でも壊したり、変えたりすれば、現状よりも良くなるというのは間違いである。

今の制度、仕組みはある意味、公平で公正な議論に基づいて築き上げられたものである。その基盤を大切にして、丁寧に冷静に改革の議論をしないと、すべてが台無しになってしまう。この国を立て直すのは国家国民の責務であり、国民と力を合わせて、この改革の実現に全力で邁進していきたい。

※1　HNS（host nation support）有事の際、同盟軍を受け入れるための装備補給、施設、輸送、労務提供などを整えること。

※2　HRS（host region support）平素より同盟国が地域の平和と安定のために、相互に協力して支援を行うこと。

第1章

自民党には、対案がある

●なぜ、自民党の支持率が上がらないのか

――2012.2.6

「民主でもない」「自民でもない」と、大阪市長の橋下徹氏（42）が、「大阪維新の会」を結成した。東京都知事の石原慎太郎氏（79）、愛知県知事の大村秀章氏（51）などと連携する動きも始まっている。この先、どんな地方政党の連携ができるのかわからないが、この動きは、現在の政党が劣化し、機能が発揮されていないことに対する不満の表れであろう。

国会の論戦を見ていても、確かに自民党は、「早期の解散総選挙を求める」としか言っていない。民主党の政策批判や政府の揚げ足を取るばかりで、「では、自分たちならどうするか」がない。国民から見れば、今の自民党は、相手を攻撃するだけの無責任な野党でしかないだろう。そこまで成り下がった情けない政党、というのが率直な評価に違いない。

今の党員に足りないものは

国会の機能上、与党・野党に分かれ、政党の時間割によって論戦が行われているが、政

策の立案決定においても、まずは政権を奪還しないと、総理大臣すら得られない。野党のままでは国政における主導権が取れないため、次の選挙に勝つことが第一に考えられ、自分たちの選挙が有利になること、つまり、民主党の政策への対抗・批判が国政・国会での優先事項にあげられる。

本来、政党とは、政策を求める党員がいて、政策があって、組織ができるものであるが、しかし、国政での議論は、国民の苦しくなっている課題解決や国の将来に対する政策決定ができないのは、今の日本の政党に、政策を期待する党員が減少しているからである。だから議員のための政治、一部の国会や地方の議員が集まって、自分たちの立場を第一に、政策立案・政党運営をしているから、国会議員、地方議員だけの視点となってしまい、国民とかけ離れた政治となってしまうのだ。

このような、政治・経済の閉塞感、いらだち、迷走、行き詰まりの間隙をぬって、第三局が出てくることは、国民感情としては自然のことである。かつて、国民のいらだちと貧困によって、ヒットラーのナチズムや大政翼賛会が生まれた。

極端で、刺激的、感情的な主張をマスコミがあおり、国民を洗脳してしまうポピュリズム、大衆迎合によった政治が横行してしまった結果、日本はどうなったであろうか。

アジテーターは、勇ましく、非常にすっきりとした考え方を提示するため、受けがいい。その場での国民の共感を呼びやすいが、熟慮に欠ける。一方的に批判するだけの世の中の風潮や耳触りの良い一言だけに乗って、どんどん政治が破壊され、絆を失い、これまでの秩序や順序だったやり方が失われてしまう。

現状維持であっても、まともでオーソドックスで地道な取り組みが失われたら、そこにあるのは混乱と競争であり、社会はどんどんと悪い方向に進んでしまう。これまでも小泉改革や民主党政権の結果のように、一時的な感情による劇場型政治は、結果的に、バランスを欠き、格差を生み、競争原理中心の、大が小をのむ無神経な政治となってしまう。

これまでの地道な努力で民主的に作られた、日本の良き風土、絆、生業が失われてしまうのだ。我々の目標は、相互に信頼し、安心でき、維持、発展していく国家とすることである。政治は、冷静に、公平・公正に、オーソドックスに、国家が国民の協力のもと発展していける政策を実現するものでなければならない。そうでなければ、穏やかで、国民相互の協調した日本古来から伝わる国の伝統も失われてしまうのである。我々に求められているることは、サル山のサル同士の喧嘩、権力争いではなく、ともに話し合い、共存して建設的に国家を発展させていく人としての心なのである。

●自民党の答えは明確だ

――2012.2.7

民主党はマニフェストを撤回し、国民に詫びよ

消費税や社会保障の一体改革について、自民党としての答えは明確である。2年半前の選挙のときから、「今の制度を続けるために消費税は10％必要」と明言している。今の年金制度、医療制度を維持するということは、はっきりした具体案である。しかも、消費税の使い道は、予算総則で社会保障に限定している。

かたや民主党は、現行制度に加え、年金の一元化、月額7万円支給の「最低保障年金」、さらに保険料納付額に応じた「所得比例年金」などを国民に約束しており、試算では、さらに、最大7・1％の消費税増税が必要となることが明らかになっている。

政府与党は、自民党に対して協議に応じてほしいと、盛んに呼びかけているが、その前にやることがあるはずだ。自分たちで約束したことを撤回し、国民にお詫びをすることである。そうした後、自分たちで議論して、内容を決め、野党に提示すべきである。社会保

障の規模、税負担の率は、政権与党である民主党内において決めるべき課題である。

国の予算も議論されているが、国債発行額は、40兆円を下回らない状態がしばらく続く。国債残高も、1000兆円規模となっているので、自民党は、社会保障と税の一体改革において医療費の後期高齢者負担の改正を行った。年金も支給の在り方を見直した。このとき、いずれも民主党は大反対をしていたのだ。

自民党は消費税を10%、使途は社会保障に限定する

自民党の社会保障の案は、消費税を10%とし、使途は全額社会保障に限定させ、できるだけスリムで（簡素）、わかりやすく（簡単）、公正・公平に実施することである。社会の基本は「自助」。経済活動の主体は、企業・個人が自ら努力することを基本としている。その上で、ハンディを負った人たちには家族や地域・ボランティアで支え合う「共助」を実施する。さらに足りないところは、セーフティーネットとしての政府や自治体による「公助」を組み合わせる。我が党の案は、この「自助」「共助」「公助」のバランスを正し、お金ではなく「現物支給」を中心とする社会保障制度を再構築し、必要な部分に対する機能を強化し、効率化を徹底していこうとするものである。

自民党には、長い議論を経て政策決定した経緯がある。物事は、しっかり考えた上でやっていく必要がある。民主党には、自民党に抱きつく前に、自分たちでやらなければならないことが残されているはずだ。

――2012.4.1

●消費税をどうするのか

3月30日、政府は、消費税引き上げ法案を閣議決定した。無年金、低年金の財源を考えると、今の税率アップで終わるとは考えられない。反対派が見据えるのは総選挙後の政界再編成である。早くも、民主党内の小沢氏や鳩山氏が公然と反対を表明。「政治・行政改革など増税の条件を守ってくれるのか」「徹底して身を削り、円高・デフレ対策をやらないと消費税を上げる条件は整わない」と、反対派の造反をほのめかしている。

消費税増税の成否のカギを握るのは、民主党内の議員総会で執行部が条件として約束した名目3％成長とする景気弾力条項と与野党協議による議員定数削減である。しかし、比例代表を80削減することに、公明党は、猛烈に反発しており、この先には、どう見ても進みようがない。

消費税法案を国会に提出し、採決をめぐっては、国民に信を問う時期が来るであろう。そのときは、政界再編、本当の日本の再生をかけた動きが始まる。しかし、消費税率を上げることが、この時期を失えば、日本の財政に対する信頼は失墜するだろう。

一般歳出の半分以上を社会保障費が占める

現在の日本の予算をざっくり言えば、収入である税収は年40兆円。これに、国債発行による44兆、税外収入8兆円を加え、92兆の予算を組んでいる。まやかしの、交付国債で、国債発行分を減らして、来年度分から前借りしている。

この92兆の使い道は、国債返済に22兆円、地方交付税に17兆円、残りの53兆円が一般歳出となる。一般歳出の中の半分以上、29兆を社会保障費が占めている。つまり、残りの24兆円で、防衛費や農林、土木費などの国家の経費を賄っているのだ。使える予算の半分が社会保障費であるという異常事態だが、これはさらに年々増え続ける。

社会保障と税の一体改革は進めなければならない。しかし、この消費税改正法案の中には、「今回の改革に引き続き、次の改革を実施する。今後5年をめどに、そのための所要の法制上の措置を講じる」という「次の改革」への条項があった。

一体改革では消費税率を2014年4月に8%、2015年10月に10%に引き上げるが、それだけでは財政収支はまだ赤字。20年の黒字化という国際公約の達成には、単純計算で17〜18%の税率が必要だ。「最低保障年金」をめぐって紛糾した年金改革案のように、「次の改革」とは何を指すのか、「今後5年をめど」とは具体的にいつか、何も語られないまま、民主党内の議論の中で消え去ってしまった。

国民は、社会保障の財源のための消費税引き上げは理解している。しかし、何に使うのかを明らかにしなければならない。そして、行政改革や議員定数の削減をしなければ、消費税を上げないというのは、まさに問題の先送りであり、後世への借金のつけ回しである。

直ちに、この国会で、社会保障の財源の道筋をつけなければならない。しかし、与党が「土俵に乗ったのに待ったをかけるほうが悪い」（野田総理発言）という高圧的な姿勢のままでは、話し合いは実現しないであろう。前の選挙で、「いい加減な公約をした自分たちが間違っていました」「言ってもいなかった消費税率の引き上げに関しては、政権を返上するから増税させてくれ」というのが、議会制民主主義の本道であり、筋論であろう。

●年金をどうするのか

――2012.2.27

今から、40年前、当時、私が中学生のころのこと。お茶の間で祖母が送られてきた年金手帳を私に見せながら、こうつぶやいた。

「私は、こんなものはいらん。自分の老後は、自分で貯えている。自分でやっていける人にまで、こんなお金を配る余裕があれば、もっと若い人に使うべきだよ」

祖母は受け取りを拒否するとも言った。明治生まれの祖母は「自分のことは、自分でやらなければいけない。他人様にお世話になるわけにはいかない」。こんな自負心と気骨があった。戦前の日本人はみんな同じだったと思う。自己責任という意識がはっきりしていた。

私の父の世代もそうであった。今から20年ほど前、私が政治家となったとき、こう言った。

「お前は将来、絶対に厚生族にはなってはいけないよ。国家が、社会保障をやりすぎると、だんだん、働ける人まで働かなくなって、その保障費の負担が大きくなる。国の財政は倒れてしまうようになるぞ」

今、まさに、40兆円しかない税収で29兆円の社会保障費が使われている、収入の半分以上を占めている。その社会保障予算を確保するため、税収を超える44兆円という借金をして、国の財政を増やし続けている。

この借金は、子どもの世代が返さなければならない。

「お金のある人は、年金をもらわないでいいのではないか」

そう言える政治家はいない。消費税を3％上げる法案にしても「景気の足を引っ張る」とか、「行政改革が先だ」とか、何だかんだ国民に迎合し、世論を誘導し、どんどん先送りする一方である。まるで、戦時中に戦意をけしかけたように、国民の権利を主張する。

年金は、税金を投入して社会給付をしているのだから、やはり財源は、今の世代が、きちんと負担しなければならない。

80代と20代で1億円損得が発生する

最近の内閣府の調査によると、年金の受給格差でこんな結果が出た。80代の人は、50

00万円近く得するが、20代の人は、5000万円の損になるという。若い人と、高齢者では、損得に1億円もの差があり、このような状況で、どうして若い人が年金を払う気になるだろうか。私にも、大学2年生の息子がいるが、毎月、息子に年金の支払い請求が来て、稼ぎのない息子は、親に泣きついてくる。どこの家庭でも、同じような苦労があるだろう。しかし、将来、損になる年金に、どうして金を払うのだろうかという疑問を抱いている。

一方で内閣府が発表した世代別の貯蓄額も、70代は、2000万円の貯えがある。しかし、20代は、200万円、30代は、600万円、40代は、800万円しかない。今でさえ生活が苦しい若者に、これ以上負担をさせないためにも、これからの年金受給者は、その負担は、自分たちで負うべきであり、自己資金を積み立てる方式に戻さなければならない。

それもできないなら、やはり、消費税が一番公平な社会保障の財源であって、国民の4割が65歳以上になる肩車時代は、ますます、「自分の老後は、自分たちで貯える」という自助努力をする、それだけの自覚と気概と倫理観がなければならないのではないか。

・日本の原子力発電をどうするのか

——2012.2.10

東日本大震災による福島第一原子力発電所の事故で、日本のエネルギー政策の見直しが求められている。政府は安全性、安定供給、自由競争、国際基準の面で検討し、結論を出さねばならない。

中でも、原発の再稼働については、原子力発電の専門家が結果を国民にわかりやすく説明できるように、安全対策や改善点を明らかにすべきである。また、事故対応の処理システム、警備や検知など、安全確保のための法律の改正が必要であり、自らの事故処理部隊、警察、消防、自衛隊などの協力体制も確立させておくべきである。

研究開発中の核燃料の再処理施設をどうするのか。これについては、茨城県東海村の旧動燃東海事業所、青森県六ヶ所・再処理工場で、核燃料サイクルのための核燃料コンビナートを形成するため、フランスから技術協力を受けている。現在でもフランス人技術者が複数名、本施設で働いているところだ。

海外においては、イギリス、フランス、ロシア、インド、パキスタン、中国、アメリカ合衆国、ベルギー、ドイツ、アルゼンチン、ブラジル、イタリアでも、同様の研究を進めている。核燃料の再処理工場の建設には、メリットとデメリットがあって、賛否両論がある。

核燃料再処理工場のメリットとデメリットは？

メリットは、超長半減期のプルトニウムやウラン235を、使用済み燃料から抽出除去して、プルサーマルなどで焼却処分でき、環境への放出を避けられることだ。

さらに、プルトニウム、ウラン235抽出除去後の使用済み燃料は、最終処分地において保管期間の短縮と、保管スペース節約ができるようになる。核のゴミ焼却によって、半減期を数万年から数百年単位に短縮でき、管理期間の短縮が可能となるのだ。そして、核のゴミ焼却の熱を有効利用することで、次世代のために化石燃料を節約し、CO_2の発生を抑えることもできる。

一方で、デメリットは、コストがかかることである。再処理にかかる費用が余計に必要となるのだ。また、原子力発電所に比べ、はるかに多い量の放射性物質を放出するので、厳重な放射線管理が必要となる。再処理に伴って高レベル放射性廃液が出るため、これらの処分に特別な処置が必要となる。一時保管場所で30〜50年くらい中間貯蔵し、放射性物質が減って温度が下がるのを待ってから最終処分されることになる。このため、日本における最終処分施設の建設は未定となっている。我が国において電力の供給を確保するために原発や核燃料再処理工場を全廃することは不可能である。現在の発電所の稼働を、安全点検を行った後で認めてゆくべきであるが、さらなる安全性を確保してゆくことはその絶対条件である。

――2012.2.9

●普天間の移転をどうするのか

米国が、ついにしびれを切らした。普天間基地の辺野古への移転が一向に進まないからだ。このままでは戦略上の支障が出てしまうということで、普天間基地移設とのパッケージを切り離し、沖縄の海兵隊のグアム移転（4700名）と嘉手納基地以南の返還を先行的に行う。そう日本政府に申し出たのである。

なぜ、アメリカが海兵隊のグアム移転を急ぐのか。原因は中国の軍事拡大である。新しいアメリカの安全保障戦略は、アジア太平洋を重視し、フィリピンに空軍、シンガポールに海軍、オーストラリアに海兵隊を配置し、対中国シフトを敷くことである。

これまでは、普天間基地の移転を待って、海兵隊8000人をグアムに移転することを考えていたが、一向に日本政府の姿勢が見えてこない。このため、アメリカ議会が怒り心頭で、上下院ともグアム移転予算を認めなくなった。

辺野古に移転しなければ普天間基地の苦悩と危険は続く

米国政府としては、2020年までに中国の太平洋進出に備えるため、既存のグアム基地施設を利用してでも、海兵隊の移転を進めなければ、体制の構築が間に合わなくなる。そこで、議会に提出する予算書の締め切りが迫った2月上旬、パッケージから外す提案をしてきたのである。

このロードマップの書き換えは、沖縄にとっては、嘉手納以南の基地返還が早くなったことにはなる。しかし、このまま普天間基地の国外・県外移設を主張していては、普天間の移転は進まない。

普天間基地の固定化はあってはならないが、沖縄県知事は、「普天間が辺野古へ移転することより、嘉手納以南の基地返還を先行的に行え」と言っていた。米国政府の決断によって、今回、それが実現したが、普天間が残れば、それにリンクする嘉手納以南の返還は進まないであろう。

アメリカは、沖縄からグアムへ海兵隊を移転させ、グアムを戦略的ハブとして、運用可能な海兵隊のプレゼンスを構築することを急いでいる。日本としても、海兵隊の普天間基地の辺野古への移転を進めなければ、普天間基地の苦悩と危機は続いていくことになる。アジアにおける安全保障戦略体制を形成するに当たり、自らの防衛・安全保障戦略をもって、沖縄県民に真実を語り、理解を得て進めるべきである。

――2012.2.21

●日米国防戦略をどうするのか

2012年2月26日、野田総理が初めて沖縄を訪問した。県民へのお詫びや基地削減については触れたが、「なぜ、沖縄に米軍基地が必要で、なぜ、普天間基地の移転先が辺野古でなければならないのか」、その説明がなされていない。日米の新しい国防戦略は、地域抑止を強調しており、米軍の前方展開とミサイル防衛を含む適切な通常戦能力は、引き続き維持することが拡大抑止へのコミットメントとなるのである。

日米共同の東アジア地域抑止戦略が必要

第一に中国の南方進出に対し、米軍、自衛隊との協力・訓練の質的向上や拡大が必要だ。これまでのHNS（ホスト ネーション サポート）として支援する立場から、HRS（ホスト リージョン サポート）となって、地域の安全にも責任を分かち合うという戦略だ。

そのためには、自衛隊は、グアム、オーストラリアにおいても、日米協力を図るべきであり、グアムに自衛隊の駐留拠点を設け、訓練や指揮通信の協力も行うべきである。米国の沖縄からのローテーションの経費も、日米双方が負担し、東南アジアやオーストラリア諸国との安全保障面での緊密な連携強化が図られるようなセンターを設置すべきである。

第二に、日米地域抑止を強化させるため、周辺事態（ガイドライン）法を充実させるべきだ。海上自衛隊の洋上補給に限定されている内容を、輸送、捜索救難、対戦能力の向上が可能なように法律の改正を行う。また、防衛大綱、中期防衛計画の見直しで、自衛隊の南西地域への編成変更を行うべきである。さらに、沖縄の海兵隊司令部は沖縄に残して、自衛隊の旅団司令部を師団司令部に格上げしてキャンプ・ハンセンに移転し、南西方面での日米の共同訓練の連携を強化すべきである。

第三に、日米間で情報の提供・共有化を図る。武器輸出の緩和、装備共同開発、F35の生産体制、技術協力など緊密な協力が必要である。

米国は、本年1月、新国防戦略を発表。「世界中、どこであれ、パートナーシップを築く能力は、依然、全世界のリーダーシップの費用と責任を分担するために、重要である」という方針を打ち出している。2月には、日本の普天間基地の辺野古への移転が進まないため、普天間基地の辺野古移転と、在沖縄海兵隊のグアム移転等のパッケージを切り離し、8000人と言われた、沖縄からグアムへ移転する海兵隊員の人数を4700人にするとの変更を申し出てきた。

日本政府は、米国との「抑止」「地域抑止」「拡大抑止」の概念を持って今後の協議に臨むべきであり、日米共同の東アジア地域の抑止戦略で、機動力のある空母や原子力潜水艦、F35を保有して中国、ロシア、北朝鮮の南方進出戦略に備えるべきである。

●円高バブルをどうするのか

――2012.2.20

　国家は、ある日突然、破たんする。日本の景気の足を引っ張っている円高が止まらない。なぜ、こんなに不況なのに、円が上がるのか。ギリシャや欧米の金融危機に対する危機管理の面があるというが、日本の現状を見ると、豪雨のときに、崖の下に緊急避難するようなものだ。とても正常な動きでない。ディーラーの逆張りではないかと思う。

　実体経済以上に、市場価格が高いことをバブルと言うが、日本の円と国債はバブル状態であり、今回の円高は、「今のうちに日本で儲ける」という国際金融集団が、仕掛けているのだ。マネーゲームで動いたマーケットは、いつか反動が来る。

　日本の金融は、まだまだ開かれていない社会主義の国とも言える。王子製紙事件にしてもオリンパスの不正にしても、あれだけの巨額の金を役員の口裏合わせで動かせるのは、一族支配、終身雇用制が強いがゆえだ。経営陣でさえも不正を問うことができない、古い社会主義的体質が残っている。まさに、国際的なコンプライアンスの確立が必要で、日本の金融、企業はまだまだ、国際化していない。

経済的に、資本を海外に転換するシステムができないため、経常黒字は円に転換する。ゆえにドルを売って円を買う力が圧倒的に優勢であって、円高が続く。高い利回りの海外商品には目を向けず、ひたすら急落した国内の株式や日本の国債に投資する。それが、円と日本国債が高いと錯覚させるバブルにつながり、市場経済の閉塞が続いている。しかし、水は、高いところから、低いほうへ流れるのが自然だ。日本の投資家は、もっと海外へ目を向けるべきである。

円高が続く理由としては、日本の金融機関に対して、政府の監視が強い面もある。1990年以降のバブル経済の崩壊、アジア金融危機を経験し、日本の銀行は社会の公器との考えが極めて強く、財務省と金融庁が怖い。常に内向きで、貿易黒字でたまった海外の資金を、海外投資で外に出さないようになってしまった。だから、円高になるのだ。この円高を是正するには、海外のものを買う、投資を行うしかないのである。

民主党は警報装置のスイッチを切った

この円高バブルは、近いうちに、一瞬にしてはじけるだろう。対策を講じても、もう、手遅れである。15年前のタイの通貨危機、アジア金融危機のように、はじけるしかない。

これまでは、財政支出をすると、国債の金利が上がり、民間経営を圧迫するとの警報が鳴っていた。

しかし、今の政権は、この警報装置まで切ってしまっている。普通なら、これだけの財政危機、おまけに、ばらまき政策で国債を発行したら、長期金利が上がり、経済が低迷するという警報が出ていた。しかし、日銀の介入のせいで、政府が金をばらまいても、金利が上がらなくなった。

おまけに、麻酔をかけられたら感覚がマヒするように、子ども手当も、農業の戸別所得補償も、高校無償化も、もう、一度始めたらやめられない。それは、恐ろしい支出だ。一度金をもらえば、もう元に戻せない。さらに、民主党は、これに加え、最低保障年金、無年金対策も増やそうとしている。

2013年に財政は破たんする？

1997年、橋本龍太郎総理（当時）は、財政構造改革法を作った。これは、財政破たんの懸念があったからである。名目GDPは当時よりも減少し、借金は何倍にも増えている。日本は、極めて危ない状態にあり、いつ、円高バブル、国債バブルがはじけるのか、それが問題である。

このまま何もしなければ、おそらく、来年あたり、日本国債の入札時に、国債が完売できていない未達のニュースが流れたとき、円と国債の価格は暴落し、財政破たんとなるであろう。財政破たんした通貨は、世界の誰も使わない。日本では、外貨での支払いが認められているから、ドルで買い物をするようになるであろう。

政府機能が停止し、公務員の給与、年金の支払い、被災地への援助などが支給されなくなるであろう。これを防ぐため、日銀は、禁じ手の国債引き受けを行うが、これは、民間金融機関が、国債を買えず、日銀がこれを買うことである。日銀が、輪転機でお金を刷ることになる。そうなれば、ハイパーインフレが起こり、物価が上昇し、円の信頼がなくなり、円安・ドル高になる。

円高を止めるには、海外に目を向けるしかない。日本の貿易赤字が増えれば、円安が進むことになる。日本がかつてそうであったように、その困難、国際通貨による経済危機の国難を乗り切っていかねばならない。

・日本の農業をどうするのか

——2012.2.20

民主党は、農業について、10aあたり1万5000円を支給する戸別補償政策を実施している。全国一律でのばらまきだ。これでは、補助を活用して「将来、こんなことをやってみたい」という地域営農の意欲や地域の特性を生かした創意工夫につながらない。頑張る農家が報われる政策になっていないのだ。

また、畑作や園芸を中心にやっている人々からは、「何で、コメ農家だけ優遇されるのか。ちょうど、収穫期に、台風が来る西日本では、麦・大豆が作れないのに、それがわかっていて、転換作物を限定しているのか」と、コメ重視の農政に批判的な声が聞こえる。

自民党が考える脱戸別補償対策

自民党は、これからの農業は、自助、共助、公助を基本と考えている。農家の戸別補償から、①産業政策、②地域政策、③農地政策の3本柱を組み合わせた。

第一に、産業政策としては、地域の適地適作に応じた複合経営体を育成する。戸別補償の固定部分（岩盤）はコメに限らず、農地を農地として維持することに対する対価を支払う地域政策と考えた直接支払いとする。米価の低迷による変動部分（ナラシ）は、農家の拠出を伴う収入減少影響緩和対策の拡充に振り替えて充実させていく。

第二に、地域政策としては、中山間地域直接支払制度や農地・水保全管理支払交付金、環境保全型農業直接支援対策などを取り込む。平場農地も含む土地利用型作物に限らない、多面的機能直接支払いを行っていく。

第三に、農地政策としては、農地の転用の厳格化をするとともに、農業生産基盤の維持、向上のための農業農村整備事業や農地集積加速化事業を復活させる。また、規模拡大のために期限付きの目標をあげて大胆な政策を出して、公的資金で農地を取得することができるようにする。

さらに、引き受け手がない農地においても、農業生産を続けるための仕組みを作る。すなわち、ＪＡを中心とする地域マネージメント法人が農業経営に参画できるよう、ＪＡが出資型、直轄型の法人を設立して組織のノウハウを活用すべきである。

具体的には、現在の農業の３０００億円の予算、農業の「岩盤」「ナラシ」の部分を、地域の直接支払いとして確保し、土地改良、強い農業政策への予算を増やす。規模拡大、生産性向上で、耕作放棄地をなくするため、農地を農地として維持するために金を払う仕組みを作っていくように転換する。農家の所得水準を維持することを基本として、固定部分を地域政策に、変動部分を農家の拠出を伴う産業政策に振り替えて、拡充を図っていくことで、意欲的な農家を増やしていくことを考えている。

——2012.2.10

●水源林は命の源である

四国山地・石鎚《いしづち》系、昔で言えば予土国境に位置する手箱山（1806m・吉野川の源流）の山頂付近に、氷室《ひむろ》と呼ばれる天然の保冷庫がある。藩政時代には、国境を守る番所の人が冬の氷を保存し、夏に早飛脚でお城の藩主に献上したとの古文書の記述も残っている。いったい、どうやって夏まで氷を保存するのか、私は、厳冬期の手箱山の氷室の氷詰め作業に参加した。

3時間以上かけて山道を登り、尾根付近では腰まで埋まる大雪をラッセル。さらに進んだ山頂近くの沢には、ダイヤモンドのように輝く大きな氷壁があった。高さ10m、厚さ5

mもある巨大な氷塊は、岩の隙間から湧き出る天然の石清水が凍って付着したものである。まさに、限りなく透明に近い神秘の輝きを放っている。

つるはしで叩き割って、土嚢《どのう》に入れ、一人ひとりが背負って、沢から日の当たらないところにある氷室まで雪道を運ぶ。大きいものは100kg以上で、一人ではとても抱えきれない。ロープを掛けて、みんなで「せーのー」と言って急斜面を引き揚げ、あるいは滑り落ちながら、悪戦苦闘の末、氷室まで運んだ。

氷室は、山頂の北側斜面にあった。日当たりが悪いところに穴を掘って作られている。底に氷塊を置き、おが屑をまいて土をかけ、埋めるだけのシンプルな天然の保冷庫である。これで夏まで氷が解けずに形が保たれているのは、驚きである。毎年7月、それを掘り出して、飛脚に持たせて、何十里も離れたお城の殿様に献上したという住民の忠義心に、ふるさとのあたたかい風土と誇りを感じる。

山村の所得安定のために環境税の導入を

山頂付近には、ブナやナラなどの水源林が植えられており、その樹木で吸収された水が、地面に蓄積、年中絶えず岩から湧き出ている。その水は、四季を通じて絶えることなく、吉野川となり、香川県、徳島県の人々にも分水して送られている。

山の森林は、きちんと間伐されている。道中険しい登り道であったが、この曲がりくねった細い道は、林業の作業道でもある。周囲には、スギやヒノキの針葉樹が植林され、間伐されているが、伐採しても木材の価格低迷で採算が取れない。そのため、搬出せずに切り捨てたまま、放置されている。

さらに今年度からは、政府の仕分け会議によって切り捨て間伐が単独で認められなくなり、補助金が確保しにくくなった。その結果、森林組合の経営・雇用や市町村の森林施業を直撃している。作業道のない奥地は、間伐できるまで時間がかかることで作業ができなくなったのだ。

それでもなお、山を守るために山村に人が残り、コツコツと山林を手入れしてくれている。収入が少なく、結婚せず、それでも、村を捨てず、家を守り、地域の文化やお年寄りの世話をしている青年がいることは、本当にありがたいことである。

日本の地方を守るということは、山で働き、林業で生活できるようにすることである。このような地域で働く人々は、地域を守るという公的な仕事をしていると認め、所得補償をして、定住できるようにしなければならない。そのためには、森林整備の財源が必要であり、環境税を徴収すべきだ。CO_2を排出しているところから、財源を集め、今の石油石炭税、特別会計から、環境を整備するための森林整備財源を創設すべきである。
山村には、所得の安定が必要である。若者が定住できるような、山村地域の人々の雇用・収入・生活費を守るためには、地域の農業・林業の振興を図り、土木や林野公共の事業を確保し、生活基盤の下支えをする必要がある。都会に住む人々の生活に必要な水・電力・空気・環境を供給し、都市を支えているのは、その上流の地方である。源流地域で地域を守り、森林を管理してくれている人々が生活できるシステムの構築を急がなければならない。

——2012.2.11

●我が国の建国記念日とは

2月11日は、建国記念日である。『日本書紀』によると、紀元前660年、神武天皇が即位し、2012年は皇紀2672年になる。日本は有史以来、唯一、天皇家が万世一代に継承され、国家として国民がまとまり、絆を持って助け合い、世代を超えて支え合ってきた稀有の国家である。

それが、今の年金制度、健康保険制度、累進課税を作り、世界でも例のない格差の少ない社会構造になっている。戦後の民主主義、基本的人権、平等思想によって、驚異的な平和と繁栄を維持しているのだ。

一方で、世界の国々の建国の日を調べてみると、次のようになっている。

・アメリカ合衆国　1776年7月4日、大陸会議でアメリカ独立宣言。
・アルゼンチン　1816年7月9日、スペインから独立宣言。
・イタリア　1946年6月2日、国民投票により王制に代わって共和制に。
・インド　1947年8月15日、イギリスから独立。
・インドネシア　1945年8月17日、日本の敗戦によって統治権が旧宗主国のオランダに返還されることを阻止するため独立を宣言。
・エジプト　1952年7月23日、革命が起こった。
・オーストラリア　1788年1月26日、最初の移民団がシドニー湾から上陸した日。
・カナダ　1867年7月1日、イギリスから自治権を獲得。
・キューバ　1959年1月1日、キューバ革命成功。

・シンガポール　１９６５年８月９日、マレーシア連邦から分離独立。
・大韓民国　１９４５年８月15日、光復節で、ポツダム宣言により日本から解放された日と、紀元前２３３３年10月３日、開天節で、建国神話において檀君が古朝鮮王国（檀君朝鮮）を建国したとされる日。
・中国　１９４９年10月１日、国慶節で、毛沢東が天安門で建国宣言。
・中華民国　１９１１年10月10日、双十国慶節で、辛亥革命発生。
・北朝鮮　１９４８年９月９日、国慶節記念日で、朝鮮民主主義人民共和国建国が宣布。
・ドイツ　１９９０年10月３日、東西ドイツが再統一。
・ブラジル　１８２２年９月７日、独立記念日で、ポルトガルからの独立を宣言。
・フランス　１７８９年７月14日、パリ祭、バスチーユ牢獄襲撃・フランス革命が始まった日。
・ベトナム　１９４５年９月２日、ホー・チ・ミンが独立を宣言。
・マレーシア　１９５７年８月31日、マラヤ連邦としてイギリスから独立した日。
・ミャンマー　１９４８年１月４日、イギリスから独立。
・ロシア　１９９１年６月12日、主権宣言記念日で、ソビエト連邦から独立を宣言。

日本の主権回復記念日は4月28日

世界の各国は、それぞれの国家が現在の体制を作った日を建国の日としている。その点では、戦後日本の真の主権回復記念日は、1952年（昭和27年）4月28日である。この日は、サンフランシスコ条約が発効した日であり、6年7か月にわたって日本を支配占領していた連合軍（GHQ本部）が、日本から去った日である。

連合国は、独立までの数年間で、日本が二度と立ち上がれないように、一方的な軍事裁判、軍事力否定の憲法押し付けをもって、教育、思想、社会体制の改造を実施した。また、連合国に都合の悪い情報は徹底的に検閲され、①占領軍の批判、②連合国及び朝鮮人の批判、③連合国の戦前の政策の批判、④日本や大東亜共栄圏の宣伝、⑤戦争犯罪人の擁護、⑥国旗掲揚、などが禁止され、国民に自虐史観を浸透させた。

占領期間中のGHQ統制の影響は現在も尾を引いており、その戦前否定は、行き過ぎている。法律で建国記念日を制定しながら、これを報道しているマスコミは少ない。どうして日本は、独立記念日を祝わなくなったのだろうか。なぜ学校でも、正しい歴史を教えないのだろうか。国家の建国、由来に関わる歴史を教育せずに、どうして国民が自覚を持つことができるだろうか。

日本の独立がなければ、日本はいまだ占領下であり、欧米諸国に支配されていることになる。アジア諸国も、太平洋戦争後に、多くの国が欧米の植民地から独立することができた。しかし、先の大戦での真実は、いまだに語られず、学校で教えてもらえない。

この国の社会全体が、国家の独立を祝わない風潮は、精神的に日本はいまだ占領状態が続いていると言える。学校でも、職場でも、イベントでも、君が代の斉唱、国旗の掲揚は、強制されなくなり、参加者に、起立を求めていない。自国の国旗掲揚、国歌の斉唱に、敬意を表しない国家が、どこにあるだろうか。

２０１２年１月、学校現場での、国歌斉唱、国旗掲揚への強制に従わなかった教師が、最高裁まで懲戒の取り消しを訴えた裁判があった。その判決は、不服従の回数によるものであった。思想信条の自由をもとにしているが、国家に敬意を示さない教師がどうして、生徒や国民に尊敬されるであろうか。国家を軽視して、どうして人権が尊重できるのだろうか。戦後の憲法の改正が、いまだ実現していないため、ずるずると、国家としての統治、規律、品格、矜持も、失われていくのである。

風ゆるみ　冬過ぎ去っても　八重桜　咲く日いつ来る　待ちに待ちても

早く、真の主権回復、独立国となるよう、我が国独自の憲法として、現行憲法の見直しを早期に実現させたい。

第2章

民主党政権の真実

●自民党の下野――なぜ政権を失ったのか

――2009.9.15

2009年8月、衆議院総選挙の結果、民主党が大勝し、自民党は政権を失った。敗因は、経済格差の拡大とデフレ経済を克服できなかったことだ。小泉政権での構造改革は、その方向性と必然性においては間違いではなかった。

しかし、あまりにも急すぎたため、格差の拡大、地方での疲弊、貧困、雇用不安が広がった。はじき出された人々の不安や不満は、政権批判へ向かい、自民党よりも、民主党に期待した。

構造改革の方向と姿勢は、間違いではない。ただ、問題は、やり方が〝あまりに乱暴〟であったことである。規制緩和で、地方の文化や経済は壊され、酒、たばこ、薬、タクシーで生計を立てている人は、あっという間に自然淘汰されてしまっている。

日本の社会構造は、集団と共同体の二重構造でできており、協同組合や護送船団と言われる同業者の組合は、お互いに助け合いながら、共存共栄を図っていた。もちろん、見直すべき点も多い。現在の社会構造が権益を生み、新規参入を拒み、官僚主導の保護主義的政策や天下りなどにもつながっているからだ。

成果主義的な評価も不可欠だが、単なる成果のみの評価は、市場原理的な競争社会を作り、国家国民を幸せにすることはできない。

時計の針は戻せない

これまでの日本の変革の歴史を見れば、「改革は、行きつ戻りつ」で、いろいろな事件、政変を起こしながら、時間をかけて進んできている。中でも、戦後の保守政治は、自民党が、さまざまな国民の声、野党の意見、識者の提言、官僚の知恵を聞きながら、国の発展に寄与してきた。

最大の野党が社会主義を掲げたため、政権交代はなかったが、野党の主張を取り入れて、自民党内の派閥間で、順繰りに政権を維持し続け、国内のさまざまな意見のバランスをとってきた。しかし、長期政権によって、業界団体とのなれ合い、しがらみで、自己改革できなくなった部分があったのも事実だ。

最後には、「自民党をぶっ壊す」と自民党の小泉総裁が誕生し、構造改革の劇薬をもって時代の変革に挑戦してきたが、その反発から「一度、民主党にやらせてみよう」と、国民は政権交代を選択したのである。

これは、日本の経済や民主主義の発展のためには、一つの過程として良いこと、と私はとらえている。批判ばかりしてきた民主党が政権についたら、日本の政治のかじ取りが簡単にできないことがわかるし、責任感も生まれるだろう。

問題は、一度進んだ時計の針は戻すことができないということだ。明治維新のときもそうだ。維新後の新政権もうまくいかなかった時期があった。それでも国民の中には、武士の時代、徳川幕藩体制を望む人はいなかった。後戻りはできないのだ。

自民党が、政権に返り咲くことは、至難の業であり、旧態依然としたままでは、再び単独で政権を担うことはありえない。自民党が政権に復帰するには、自民党が変わらなければならない。憐みの心、人々の苦しみ、痛みを踏まえ、国民の期待・信頼を回復する政策を打ち出し、政治の原理原則を取り戻すことが必要である。

――2009.9.30

●自民党と民主党の違い

民主党政権が発足したとき、真っ先に政権を直撃したのは、鳩山総理への母親からの献金問題であった。

鳩山総理の政治資金収支報告には、同級生や知人など、寄付などしたことのない人の名前が無断使用され、羅列されていた。鳩山総理の資金管理団体「友愛政経懇話会」には、約3億7200万円にのぼる架空の記述があり、実母資産から、月1500万円、6年あまりで11億円が政治団体に入金されたことも明らかになった。

一方で小沢一郎氏の土地購入に関する政治資金報告書への記載違反が明らかになり、東京地検が取り調べをした。いったんは嫌疑不十分で不起訴となったが、国民の代表による検察審査会が再審査した結果、起訴相当となった。

4億円もの金の出し入れを、「自己資金」「政治献金」「銀行からの融資」と言い換えた。マスコミに見せた契約書類も偽造だった。

小沢事務所で管理している巨額の政治資金で、都心の一等地の土地やマンション、沖縄の辺野古の土地を購入しており、全国の土地やマンションの売り買いは、秘書の一存でできるものではない。

永田町の不動産王、小沢一郎氏

チュリス赤坂という東京赤坂の一等地にある陸山会の小沢事務所は、まさに、不動産会社そのものであり、代表の小沢一郎氏は、永田町の不動産王である。政治資金、政治団体の土地、マンションの物件には、税金も、相続税もかからない。政治資金団体代表の継承者に、そのまま引き継がれる。

これは、田中事務所、金丸資金から受け継がれた金であり、解党した政党助成金の不透明な金である。政治は力。力は数。数は金。このような金が、民主党の議員を動かしていることは、田中角栄、金丸流の政治と金の政治手法をそのまま継承しており、民主党政権は、まさに、小沢氏の支配する政権と言えるであろう。

自民党と、民主党の大きな違いは、自助、共助、公助の自立を重視した経済政策をとっているのかどうか、あるいは、大きな政府で、手当、社会保障を重視するのかどうかである。

民主党は、財政負担を伴う手当を国民に約束したために、将来に大きな負担を作った。本当に困っている人には、所得を補てんするべきであるが、このばらまき福祉は、この国の病をさらに悪化させるものであり、公共事業費は20％減となった。

社会保障費は10％増なのに、地方の景気を支えている事業は減って、雇用は厳しく、不況が続いている。民主党は、「コンクリートから人へ」「消費税は、4年間は上げない」と宣言したが、これでは、借金が増大し、社会のバランス、倫理、活力が失われ、将来に禍根を残すことになるのは確実である。

――2010.5.31

●「やっぱり辺野古にします」――沖縄・普天間問題――

鳩山由紀夫氏は総理であった当時、普天間基地の移転について、「国外、少なくとも県外と言ったのは、公約ではなく、党首の発言であった」と言った。しかし、党首の言葉は、公約そのものである。しかも、県内の辺野古へ移転する日米合意に戻した理由を聞けば、「学べば学ぶほど、抑止力が必要であるとわかった」と言った。

これが、我が国の安全保障の、自衛隊の、最高指揮官たる総理大臣が発する言葉であろうか。総理がこんな安全保障もわかっていない情けない発言をして、世界に対しても恥ずかしくないのか。もともと、鳩山氏は、駐留なき安保を目指しており、沖縄における海兵隊の意味さえもわかっていなかった。

沖縄海兵隊は、中国と台湾の緊張緩和や朝鮮半島有事における緊急展開のため、地理的に適しているという必要性がある。だから、戦略的に米軍の海兵隊が駐留しているのだ。「飛行場だけ本州や徳之島に移転すればいい」と言ったが、海兵隊の陸上部隊と航空部隊が離れたところに分かれてしまえば、抑止力、緊急即応部隊としての機能を発揮できない。それすら理解できていない指導者に、自衛隊の指揮ができるであろうか。

長年かけて積み上げてきた普天間の移転を民主党政権がひっくり返してしまった。元の辺野古に移転先を戻す、という日米合意を沖縄の知事にも相談せず、頭越しに発表したのも、地元県民に対する背信行為であり、批判された。沖縄県民への相談や地元との合意もなく、先に結論を出したのは、オバマ大統領に対して回答の期限があったからだと言う。

これでは、沖縄の県民は怒るに決まっている。普天間基地移設に関しては、沖縄の負担軽減のために、当時の橋本総理が二十数回も沖縄県知事との話し合いを続けたものだ。経済対策や企業誘致、国際サミットも実施するなど、丁寧に、さまざまな努力を重ねた結果、ようやく移転にこぎ着けたものである。

鳩山氏は「腹案はある」と8か月も迷走

ここまで来るのがどれほど大変であったのか、鳩山元総理が、沖縄を訪問したのは、就任後8か月経った今年の5月である。私も、沖縄県知事とは、時々意見交換しているが、ずっと、政府の返事を待っていたのだ。

国会では、「腹案はある」と言いながら、確たる見通しも移転の候補地もないままに、8か月も迷走した挙句、「やっぱり辺野古」では、『覆水盆に返らず』。総理をやめても済まない問題であるが、民主党内からは、辞任を迫るそんな声すら聞こえてこない。民主党には、党内議論の場もなく、正しいことをはっきりと言える議員もいないのだ。

「軍事に通じていない君主は、どんな不幸にもまして、部下の兵たちから尊敬されない」。日米共同訓練の際に、「どんなときも、汗を流してしっかりやろう」と言った自衛隊の幹部が、クーデターにつながると大臣に叱責され、処分された。防衛大臣は、自衛隊員の気持ちがわかっているのか。

鳩山内閣で社民党の閣僚である福島瑞穂氏は、総理が沖縄の辺野古に戻すと決断した直後、沖縄へ行って「総理に反対しましょう。一緒に手を組んで歴史を作りましょう」と発言した。総理は、それを容認し、拒否できずにいた。

安全保障で、政府方針と違った判断、行動をとる大臣を叱責、罷免もせずに、どうして自衛隊の指揮が執れるのか。真の政治主導とは、部下の進言を聞いて、的確な政治判断のもと、物事を進めることである。抑止力の重要性も、沖縄の海兵隊の意味も、日米安全保障の意義もわからない総理が、この国の安全保障のかじ取りなどできるはずがない。

●鳩山総理の辞任で見えた民主党の醜態

——2010.6.4

2010年6月4日、鳩山総理が辞任を表明した。その理由は、沖縄の普天間問題が迷走したからである。鳩山政権9か月を検証してみると、北澤防衛大臣は、2009年9月17日、就任直後の記者会見から、この問題の難しさは理解していた。岡田外務大臣も、10月23日には、「県外は無理だ」と発言しており、移転先は、辺野古しかないと、すぐにわかっていた。

最後まで、それが、わかっていなかったのは、総理と官房長官だ。政府首脳の2人がともに、安全保障は素人、現場感覚もない。沖縄の基地問題の難しさは、上空からヘリで視察したぐらいでは、わかるはずもない。沖縄の基地問題の大変さは、これまで取り組んできた人がよく知っている。その人の話を聞かずして、大きな節目で選択を間違えてしまっては、どうにもならない。

鳩山氏が使った首脳会談の二枚舌

鳩山総理がつまずいた第一のポイントは、11月13日の日米首脳会談のときだ。初めて来日したオバマ大統領に、鳩山総理は「プリーズ、トラストミー」と言ったことだ。日本の総理が、「私に、任せてくれ。信頼してくれ」と言うなら、米国大統領は、約束した「辺野古の合意」を果たしてくれるだろうと受け取るだろう。首脳会談で二枚舌は通じない。

しかし、これは明らかに、沖縄県民に約束した、「国外、少なくとも県外移設する」ことに矛盾する。事実、米国は日米交渉で約束した現行案から、一歩たりとも譲らないことがわかっていないのだ。

第二のポイントは、11月の民主党内の連合、社民党の巻き返しである。外務省、防衛省の普天間作業グループが官邸に「辺野古年内決着」を進言し、鳩山総理も現行案の微修正で傾いた11月30日、小沢・輿石氏が会談し、「年内に結論を出すな」と、横やりが入った。

12月3日には、「私をきれさせるな」と、連立離脱をにおわす社会民主党の福島党首の恫喝《どうかつ》発言があり、12月4日、鳩山・小沢・輿石会談が行われ、総理は「社民党の意向を踏まえて、普天間問題を判断する」と年内の辺野古決着を先送りした。

これには、アメリカが激怒した。同日、外務省で開かれた日米閣僚級会議の席上、米国のルース駐日大使が、「約束はどうなったのか」と、大声をあげ日本政府を批判した。戦後最大の日米危機、外交でのトラブルは、取り返しのつかないことになる。にもかかわらず、なぜ、この時点で、官邸は社民党を切るという大決断ができなかったのか。

鳩山総理は、日本の外交・安全保障よりも、連立の維持を選んだことになるが、国家と政権の維持のどちらかを選ぶのであれば、政府は国家を考えて決断すべきであり、外務、防衛省を抜きにした外交などありえないのである。防衛大臣も、まずは3党連立ありきと発言したが、挙句の果ては、社民党の一言によって、国の安全保障の底が抜けてしまったのだ。戦後最大の外交の失敗である。

鳩山氏の嘘で米国国務省に呼びつけられた駐米大使

第三のポイントは、12月15日の朝、政府は閣議で、辺野古への移転は、年内は先送りする決定を行ったことである。驚いた米国大使は、夕刻、官邸に駆け込み、総理と面会し、「日本政府はどうなっているのか」と尋ねた。

鳩山総理は「しかるべき時期になれば、日米合意に戻したい。任せてほしい」と発言してその場を取り繕った。しかし、12月17日に、訪問先の欧州の国際会議で、クリントン国務長官と会場出口での立ち話の後、鳩山総理は、「辺野古移転は、強行はできないので、しばらく待ってほしい」とお願いしたら、クリントン国務長官からは「わかった」という回答があったようにブリーフされた。これは、まったくの嘘。この報道があった後、米国国務省に藤崎駐米大使が呼びつけられ、「米国は、現行案でしか妥協できない」と言明された。米国と政府、沖縄との溝をますます拡大させたのだ。

悪いのは、官邸の平野官房長官だ。総理に対して、このときですら、「この先送りはできない」と判断し、進言をしなかったことだ。この問題が年を越して、翌年になると名護市長選が行われる。反対派の市長が当選したら、大変なことになることぐらい容易に想像ができたはずだ。しかし、このときも官邸は、腹を固めることはできず、時機を失したのである。私は国会で、「年内に決着しないと、実行不可能な状態になりますよ。市長が反対したら知事も反対になる。決断するなら、年内ですよ」と真剣に訴えた。物事にはタイミングとタイムリミットがある。

しかし、防衛大臣からは、そんなに声高に言われる筋合いはないと拒否された。だが、ここぞというとき、正しい決断をすることこそ国家の危機管理である。

第四のポイントは、2010年1月10日、平野官房長官が沖縄を訪問したときである。1月24日には名護市長選挙が予定されていた。官房長官は沖縄で「県民の負担軽減と安全確保を強く認識した。今後の議論に反映させたい」と語るだけで、結局、名護市の市長選挙に対しては、何もしなかった。

この政府のあいまいな態度は、選挙戦に影響した。結局、辺野古移設推進派の島袋前市長が落選、問題が暗礁に乗り上げてしまった。沖縄の民主党県連は、基地反対派の稲嶺市長を推薦していた。選挙直前に民主党の官房長官が沖縄入りすれば、民主党が推薦する反対派市長の応援ととられてしまうのは明らかであるのに、沖縄で何も語らなかった官房長官の政治センスはいかがなものか。まさに政府、民主党の責任で選挙に負けてしまったのである。

内閣の威厳、威信が失墜する不祥事

第五のポイントは、徳之島への移設問題。3月29日に、訪米した岡田外務大臣がゲーツ国防長官と会談した。岡田大臣は、キャンプ・シュワブに陸上へリパッドを作り、飛行場をホワイトビーチか徳之島へ移すという二段構え案をゲーツ長官に提示した。しかし、国防長官は、強く拒否した。その後、政府は徳之島への移設を模索するため、4月1日に総理が沖縄知事と会い、徳之島構想を説明。2日には、閣議で徳之島移設案を検討指示した。

4月28日には、総理自ら鹿児島県の徳田毅代議士に面会し、入院中の徳田虎雄元代議士を訪問して地元説得を依頼した。5月12日には、平野官房長官が鹿児島県を訪問、徳之島の町議に徳之島へ海兵隊のヘリ部隊か訓練の一部を移す政府方針を伝え、地元の理解を求めた。

徳之島の3町長はこれを拒否。5月15日に、住民と面会するため、再び訪問した。しかしながら、一国の官房長官が公然と地方自治体の首長を飛び越して、町議会議員と接触し、地元ブローカーに頭を下げることなど、言語道断である。官房長官は、内閣の番頭であり、政権の司令塔である。どっしりと山のように構え、決して、官邸を動いてはならないのである。まさに、政権末期、前代未聞の内閣の威厳、威信が失墜する不祥事である。

オバマ大統領を切れさせた鳩山氏

鳩山内閣崩壊の最終段階は、ワシントンでの「核安全サミット」。その夕食会である。首脳会談を拒否されたものの、藤崎駐米大使の計らいでオバマ米大統領の隣に座ったところ、ホスト国である米国大統領が、「各国の首脳の皆さん、しばらくお待ちください」と、各国の首脳を10分間待たせて、非公式の日米首脳会談を行ったのである。

鳩山総理が、「基地の移転の結論は、もう少し待ってくれ」と要請した途端、オバマ大統領は、「私は、これまで、この問題の言及を控えてきた。それは、あなたがトラストミーと言ったからです。あなたは、本当にできますか。もうこれ以上待つことはできません。この問題を先送りすることについて、周辺の国々に、大きな懸念が出てきたからです。あなたは、早急に決定をしてください」と、強い不快感を示し、切れてしまった。

米国の大統領にここまで、直接言われたことは、戦後なかったことである。鳩山総理は、「それでは、5月末には、必ず決着をします」と観念した。なぜ、彼は失敗したのか。これだけの大きな問題を政治主導と言いながら、外交官や防衛官僚を外して独断で、思いつきで、事を進めた結果である。

辞任の最後通牒は、徳之島で人口の約3分の2、1万5000人が出席して反対集会が開催されたときのこと。その際、鳩山政権にレッドカードが出され、鳩山政権の沖縄県外移設構想は、完全に潰《つい》えてしまった。

鳩山内閣は普天間の移転先について、前のロードマップに沿った日米合意を決定。合意文書には、「必ず8月末までに、滑走路の場所、後方を決定する。環境評価手続きおよび建設が著しい遅延がなく完了できることを確認した。代替施設の位置、配置、工法の検討を、いかなる場合でも2010年、8月末までに完了する」と書かれており、誰もできもしないいい加減な約束を、再びしてしまった。

鳩山政権の普天間問題を総括すると、「総理ならば、なんでもできるのだ」との過信である。官僚や野党の意見、まともな専門家、マスコミの関与、進言をさえぎって、政治主導をはき違え、こんなに難しい外交課題を、ごく限られた人だけで決定し、独走したことである。

外交安全保障は、より丁寧に、野党も巻き込んで、地方にも協力してもらわなければできない。軍事や安全保障の認識のない人が、国家の首脳であっては、国民が不幸になる。

結局、普天間移転先は、辺野古から出て辺野古に返ってきた。「ここの店の飯はまずい」、そう啖呵《たんか》を切って、テーブルをひっくり返して、レストランを出て行ったが、次から次へとうまいものが食える店を探しても、どこも閉店、お断り。挙句の果ては、前の店にかえってきて、お願いしますと言っても、すでに、皿が割れ、コップの水はこぼれ、テーブルはひっくり返っている。あるのは、辺野古沖移設というメニューだけで、料理人も、食材も、なくなっている。

鳩山内閣は政権交代から9か月弱で退陣になり、在任期間は266日間。戦後の総理大臣として、一番みじめで、みっともない辞任となった。彼の政治責任は、国民からの政治への信頼と米国と築き上げた友好関係、沖縄の基地移転を崩壊させたことである。普天間移転をするには、再び、自民党が政権について、仕切り直しをするしかない。

——2010.5.10

●小沢一郎氏の責任

今から20年前の1990年、私が国会議員に初当選したときの自民党の幹事長は、小沢一郎氏であった。当時は、リクルート事件、佐川急便事件が起こり、その中心は、金竹小の経世会で、政官業の不透明な政治資金の蓄積が問題となり、実権は、金丸氏から小沢氏に引き継がれている。

当時の海部内閣は、まさに、経世会の傀儡《かいらい》であったが、総理が解散をして、国民に信を問うとしたが、経世会の小沢幹事長によってつぶされた。その後の宮澤内閣も、政治改革、バブル崩壊後の日本経済の不良債権処理、消費税の増税に取り組んでいた。しかし、金丸事件の後をめぐって経世会が分裂し、野党が出した内閣不信任案に小沢氏が賛成して、自民党を下野させた。

小沢氏の目的は、ただ、自民党に代わる政権を作ることであり、その後20年にわたって、いくつもの政党が離合集散することになり、政治が漂流することになった。小沢氏は、大事なときに、日本に必要な政策と法律の成立をつぶしてきた。政権をとるために、国民に迎合し、サービスを振りまく政策を掲げることによって、日本の政治を劣化させた。

結果として、増えたのは、国家の借金と不況と不平不満のみであった。どんどん日本の国力、地位は低下し、国の財政も、憲法改正も、不良債権の処理も、デフレの克服も遅れ、年金・医療費の改革もできなかったのである。

小沢氏の目的は政権交代だけ

小沢氏に責任を問いたいのは、20年間、日本をリードできる立場にいながら、日本社会のばらまき体質、財政負担増の原因を作り、莫大な財政負債を残してしまったことである。政治家のリーダーとしての心構えと、志、正しい使命感と見識を持っているかということなのだ。

小沢氏は、政権交代のみを政治目的化しており、政治を劣化させ、政権をとるため大衆迎合的なものとしてしまっている。中選挙区制の弊害は、自民党の中でサービス合戦となり、金のかかる政治になってしまったことだ。一方で小選挙区制のデメリットは、政党の政策の安売り合戦になり、国民の政治意識も劣化してしまうことである。

今、必要なのは真の意味で志の高い政治、古いしがらみやなれ合いから脱却する政治である。今の子どもたちは、学校に入る前から、就職の心配、年金の将来、人生の心配をしている。ようやく就職した新入社員でさえ、入社式のときに、この会社は大丈夫だろうか？　経営者は資金繰りができるだろうか？　との不安の声をもらしている。

社長になっても、いつまで社員の給料を払うことができるのか。結婚したての新婚夫婦も、どう生計を立てていくのか。家を建てるにも、ローンを組むにも、子どもを産むにも、先の見えない社会では、活力が生まれない。政治は、国民に安心と夢を与えることが目的である。為政者は、政権をとることばかりでなく、具体的な日本の産業政策と景気対策を早期に実現すべきである。

――2010.11.5

●「陸山会」政治資金規正法違反事件の真実

小沢一郎氏は「陸山会」の政治資金規正法違反事件についてこう述べた。

「司法の手続きに入っている。三権分立から言えば、原則として、司法で取り上げられているものを立法府で議論するのはあまり妥当でないし、必要もないのではないか。政倫審も証人喚問も基本的に秘密会だ。裁判は全部公開だ。改めて公開の場でやりなさい、というのが検察審査会の意見だから、公判ということになれば、そこできちんと説明したい」

小沢氏は、国会議員、立法府の人間であることを忘れているのではないか。

政治倫理綱領にはこう書かれている。

「政治倫理の確立は、議会政治の根幹である。主権者たる国民から国政に関する権能を信託された代表であることを自覚し、政治家の良心と責任感をもって政治活動を行い、いやしくも国民の信頼にもとることがないよう努めなければならない」

そこには、「政治倫理に反する事実があるとの疑惑をもたれた場合には、みずから真摯《しんし》な態度をもって疑惑を解明し、その責任を明らかにするよう努めなければならない」とあるのだ。

この件で、岡田克也氏から求められた、政治倫理審査会での説明要求を拒否したが、立法府の人間として、このような不誠実な態度では、国民の信頼を得ることはできない。

土地購入に関して小沢氏が２００７年の記者会見で示した「確認書」が後に偽造とされた点について、小沢氏は「忘れていたから、気がついたときに作っただけだ」と釈明した。国民をだますのは、いい加減にしてほしい。国会議員は公人であり、国会議員でいる限り、国会の求めに対し自らのことをしっかりと説明するのは当然のことである。

隠ぺいのために支払われた４５０万円の利息

そもそも、この疑惑は、小沢氏からの４億円を原資として土地を購入した事実を隠ぺいしたのではないか、という問題だ。そのために銀行から融資を受けている。融資申込書などに小沢氏自らが署名、押印している。陸山会の定期預金を担保に金利（年額約450万円）まで支払っているのだ。
さらに、土地代金を全額支払っているのに、売り主との間で17年度分の固定資産税などを陸山会で負担するとの合意書を取り交わして、偽造書類を作り、本登記を翌年にずらしている。絶対権力者である小沢氏に無断で、なぜ、大久保被告らが資金の流れの隠ぺい工作ができるのか。「秘書に任せていた」と、政治家本人の責任は問われなくて良いのか。小沢氏は、国会において政治活動を続けたいとするなら、国会で説明すべきである。

——2009.12.15

●小沢氏の天皇陛下の私的利用は許されない

中国側から、次期、国家主席になる習近平氏訪日の正式な通告があったのは、2009年11月23日であった。翌24日、宮内庁に会見の検討が要請された。そして26日には、宮内庁から、「外国要人と、天皇陛下の会見は、一か月前までに、宮内庁に申し込む」というルールがあり、それは実現できない、と回答があった。

それを受けて来日した中国の外務大臣は、小沢幹事長に直談判した。そして外務大臣が院内の幹事長室に呼ばれ、小沢幹事長からその依頼を受けた。12月4日には、小沢幹事長と鳩山首相が首相官邸で会談した。小沢氏ら、民主党の国会議員が12月10日に訪中し、胡錦濤国家主席との面会が予定されていた。自分たちの体面を保つために、ゴリ押ししたのである。

7日には、鳩山首相が平野博文内閣官房長官に「何とかできないか、非常に重要なんだけど」と指示をした。平野官房長官は、羽毛田信吾宮内庁長官に電話して、「日中関係の重要性に鑑み、是非お願いする」と伝えた。羽毛田宮内庁長官は「ルールは政府内で重視されてきたものであるから尊重してほしい」と抗弁した。さらに、宮内庁は首相官邸に対し、「陛下の健康状態が万全ではない」とも説明した。

8日にこれを聞いた小沢幹事長は、鳩山首相に電話し、「何をやっとるのか。会見はやらないとだめだ。ゴチャゴチャやっとらんで早くせい」と恫喝《どうかつ》した。

しかし9日、日本政府は「陛下のご健康がすぐれず、会見に応じるのは難しい」と中国政府に断念するよう説得した。中国側も「陛下のご健康に配慮し会見を見送るなら、やむを得ない」と要請を受け入れたのだ。

中国にへつらい、圧力に屈した小沢氏

にもかかわらず、翌10日に訪中する小沢幹事長は、平野官房長官に電話し、「しっかりやってほしい」とさらに指示。平野官房長官は、夕刻、羽毛田宮内庁長官に「総理の指示だ」と再度、電話で伝えた。明らかに中国にへつらい、圧力に屈したのである。

10日、民主党国会議員143名からなる総勢483名の小沢訪中団が北京へ出発し、胡錦濤国家主席と人民大会堂で会談した。その際、民主党同行議員は、列をなして胡錦濤国家主席との記念写真を撮った。

官邸が宮内庁に圧力をかけたのだろう。翌11日、急きょ日本政府は、天皇が習国家副主席と15日に会見を行うことを発表した。注目すべきは、その際、羽毛田宮内庁長官は、「陛下の国際親善活動は、国の大小や政治的重要性とは別次元で行われてきた。特例扱いは、二度とあってほしくない」、と天皇の政治利用に当たるとの懸念無念を表明した。

この慣行は、陛下が前立腺がんの摘出手術を受けた翌年の2004年以降守られてきた。1か月前に申請されない会見は受けないと、本格的に運用されてきたのだ。天皇の政治利

用との批判が出ていることについて、鳩山首相は11日夜、「1か月ルールは知っていたが、しゃくし定規なことが、諸外国との国際的な親善の意味で正しいことなのか。諸外国と日本の関係をより好転させるための話だから、政治利用という言葉は当たらない」と述べ、問題ないとの考えを強調した。この人は、まったく天皇の政治利用の意味がわかっていないのである。

小沢氏と宮内庁長官のバトル

しかし、本格的なバトルは、その後だった。小沢幹事長は14日、帰国後の記者会見で、腹立たしそうに羽毛田宮内庁長官をこう批判した。

「内閣の一部局の一役人が内閣の方針についてどうこう言うなら、辞表を提出してから言うべきだ。30日ルールは誰が作ったのか。法律で決まっているわけでもない。国事行為は『内閣の助言と承認』で行われるのが憲法の本旨で、それを政治利用と言ったら陛下は何もできない。陛下の体調がすぐれないなら優位性の低い（他の）行事はお休みになればいいことだ。天皇陛下ご自身に聞いてみたら、手違いで遅れたかもしれないが会いましょうと必ずおっしゃると思う」

これに対し、羽毛田宮内庁長官は、「自分は官房長官の指揮命令に従うと同時に（陛下の）お務めの在り方を守る立場にある。辞めるつもりはありません」「陛下の外国との親善は純粋なものとして成り立ってきた。そのなさりようを守るのが自分の立場。モノをいうのは当然のこと」「政治的重要性で例外を認めるというなら、（別の国を）お断りして『政治的に重要じゃないのか』と言われたらどうするのか」と堂々と反論した。

まさに、本件は、小沢一郎氏の天皇陛下の政治利用である。このことは、直前に訪中した民主党の中国への返礼、ポイント稼ぎでもあり、小沢氏は、政権をとったら、なんでもできる、天皇の行動まで意のままになるとでも考えていたのであろうか。政権を持った者として、自分たちの権力の維持・思惑のため、政治が天皇を利用してはいけないことは、大原則であり、これまでの政権では、それを絶対にしないとの良識を持ってきた。

天皇が政治的に中立であるのは、国民からの尊敬と権威を保つため、歴史上の戦前の失敗を繰り返さないために重要なことでもある。太平洋戦争の歴史を考えれば、政治家はどんなことがあっても天皇陛下を自分たちの都合のいいことに利用するなんてことは考えてはいけない。

・民主党議員の逆恨みで始まった防衛省通達 ――2010.11.18

防衛省は、防衛大臣の指示で全国の自衛隊に対し通達を出した。自衛隊関連施設で開催する行事の来賓者に、政権に対する批判など政治的発言を控えるよう要請せよというものだ。

事の発端は、2010年の夏、埼玉県の民主党議員が自衛隊記念行事に参加し、帰りの車を呼ぶ際に起きた。駐車の誘導が一方通行で、車寄せに時間がかかるから、議員の車を逆走させろと案内係の隊員に強要したのだ。

隊員が、「ここは、一方通行で、無理です」と、規則に従ってくれるよう頼んだところ、「俺を誰だと思っているのか」と胸倉を掴んで詰め寄り、恫喝した。その後、この議員は、防衛省に抗議している。

国会議員の自衛官に対する逆恨みが通達の発端となったわけだ。

それから、4か月後の11月3日、同じ駐屯地で自衛隊の記念行事が開催された。祝辞を述べた自衛隊協力団体の会長は、「現政権では、国の守りができていない」という、率直な言葉を挨拶で述べた。

　これを聞いていた、先の民主党の議員が再び防衛省に抗議。これを受けた安住防衛副大臣が、極めて不適切な発言と断定し、駐屯地司令部の聞き取りも行わないまま、誤解を受ける行動であるとして、この事務次官通達を出させた。

防衛省による民間人に対する言論統制

　この文書によると「先般、自衛隊施設内での行事で協力団体の長が挨拶し、施設を管理する自衛隊側が自衛隊法に違反したとの誤解を招くような極めて不適切な発言を行った」とある。

　これからは、来賓者に政治的行為と誤解されることを行わないよう要請し、来賓者の発言内容を、内局に報告せよ、との通達まで出している。これでは、防衛省による民間人、国民への言論統制であり、まさに、言論、思想の検閲にもなる。

　自由な言論こそ、健全な民主主義社会の基本である。一民間人、一国民の、しかも、自衛隊協力団体の会長の率直な挨拶に対し、不適切な発言と断じることは、まさに、言論封殺である。

まして、真に、国のことを考え、自衛隊を応援してくれている自衛隊協力団体の声は、国民の率直な意見として謙虚に受け止め、今後の励みにしなければならない。国民の自衛隊を標榜する防衛大臣なら、なおさら謙虚に国民に接しなければならない。

今回の通達について、その自衛隊協力団体の会長は、こう語っている。

「とんでもない話だ。『民主党よ、ふざけるな!』と言いたい。私は以前から、原稿なしで自由に挨拶してきた。自民党政権時代も、民間人の立場で、自衛隊や当時の政治に対する思いのたけを述べてきた。さんざん苦言や文句も言ってきた。航空祭には、自民党の大臣や議員もたくさん来たが、これまで一切抗議はなかった。それが、政権交代した途端、民主党は『批判するのはケシカラン』と言い出した。民主党はかつて『徹底的な情報公開』『国民目線の政治』などを掲げていたが、やっていることは正反対だ。私は別に、個人を誹謗中傷したわけじゃない。政権や政党は批判されるのが当たり前ではないのか。民主党は化けの皮がはがれた。このままでは、言いたいことが言えない世の中になる。私は『言論の自由』を守るために、断固として戦っていく」

仙谷氏の「自衛隊は暴力装置」発言

これに対し、仙谷由人官房長官は、「民間人であろうとも、自衛隊施設の中では表現の自由は制限される」とし、参議院予算委員会で「暴力装置でもある自衛隊はある種の軍事組織でもあるから、シビリアンコントロール（文民統制）も利かないとならない」と発言した。後で陳謝、撤回したが、「自衛隊は暴力装置」との発言は、命を張って懸命に働いている自衛官に対する冒涜であり、政権の中枢にいる者の表現としてはあまりにも不適切であり、撤回して済む問題ではない。

このような暴言を述べる官房長官は、国民主権であるシビリアンコントロールの意味すらわかっておらず、この通達を認めるようでは、内閣官房長官としては失格である。

この防衛省の通達によって、自衛隊の各種行事へ部外団体の参加がある場合には、防衛省・自衛隊の部隊や機関の長は、当該団体に対し、言論の制限を要請することになった。誤解を招くおそれがあるときは、当該団体の参加を控えてもらうことになった。

また、部外行事への隊員の参加に関わる対応として、来賓としての挨拶や紹介を伴う場合は、当該団体に対し、政治的行為の制限について周知する。参加を依頼された行事に政治的行為の制限に抵触するおそれのある内容が含まれていないことを確認し、確認できないときは行事に参加しないことになった。

会に呼ばれて行く者も、主催する者も、政府に対する意見も言えないような、人間の基本的思想の自由まで統制されるような、戦後、いまだかつてなかった防衛省設立以来の最低の通達である。

自由な言論こそ、健全な民主主義社会の基本であり、防衛省が、民間人の言論の自由を封じることは、許されない。日本の自衛隊は、その民主主義の上に立脚した健全なる自衛隊である。民主党は、自分たちの政権の不始末と不人気を下の責任にし、やつあたりをしている。本来中立であるべき自衛隊を、政治の駆け引きに巻き込むべきではない。

今の政権は、自分たちを批判する国民を排除しようとし、自衛隊を政治的な対立に巻き込んでいる。良い仕事をしていたら、自然と支持率が上がり、国民からの信頼を得られるはずだが、ここまでして国民の率直な考え方や言論を排除して許されるのであろうか。

以前、真剣に日米共同訓練に臨んでいる連隊長の言動に腹を立て、処分、異動させたこともある。防衛大臣は、隊員の気持ちすらわかろうともせず、自分の感情で、部隊を指揮している、まさに素人指揮官である。防衛大臣をはじめ、民主党の政府、議員は、このシビリアンコントロールの意味すらわかっていない。

・TPPの国会議論に足りない視点

――2011.10.6

TPP（環太平洋戦略的経済連携協定）の論戦が沸騰している。戦後、日本は日米同盟のもと、経済・安全保障において、ロシア・中国の社会主義を封じ込め、自由貿易経済圏を確立することによって経済発展してきた。

しかし、円高による国内産業の空洞化や、韓国・東南アジア諸国の経済発展による厳しい自由競争社会の中、今回のさらなる円高の進展で、日本企業は、国家による根本的な経済対策を求めている。

今後、中国の台頭、ロシアの復活が予想される中、日本の経済は国家戦略として、再び米国と共通の戦略目標を立てて、経済支援に立ち向かわなければならない。米国とのさらなる自由化を進めるためには、関税の障壁を撤廃し、中国とは別の経済圏、共同市場を開拓することである。

中国は、依然として貿易の自由化においては慎重であり、国内経済を守るため、門戸を閉じ続けるであろう。しかし、韓国、台湾、シンガポールは開放的である。日本が中国に先駆けて、米国と自由貿易圏を作ることは、日本経済が中国マネーにのまれ、国家がじり貧になって活力を失わないため、必要なことかもしれない。

しかし、それによって影響を受ける農業や林業、水産業、金融、労働サービスなどにおいて、どの産業がどれだけの損益をこうむって、それをどう救済するのか。さらに力強い体質に転換するために、どういう政策をするのか。この自由化によって日本の社会が、地域がどう変化するのか。将来の日本の社会の形、国家の形をよく考えて、間違いのない決断をしなければならない。

TPP参加より二国間協議が国益につながる

TPPは非常にハードルが高く、米国からいろいろな注文がついて、とても受け入れることにはならないであろう。参加を表明して、途中でやめるより、あらかじめはっきりと拒否をしておくほうが、誠実な交渉になるのではないかと思っている。

貿易交渉は、ブロック化するのではなく、二国間で、関税などを交渉したほうが、国益につながるのではないか。TPPに参加すると、断るためのカードを失ってしまい、日本が弱い立場の農業や、国民全体でセーフティーネットを構築している医療、金融では、大きな影響がある。

かつて、国内の木材産業は、自由化によって、関税を早期に撤廃したため衰退し、地方、山村は人口減で疲弊してしまった。この事実を直視すべきで、国家として守るべきことは、守らなければならない。

農業について、門戸を開いて、競争社会の中で生産性を向上させよ、との議論があるが、地方の実態には即さない。農業の担い手、後継者が育たないのは、「やっていけない」「儲からない」「食べてゆけない」という農業の現状があるからだ。

年々、地方の疲弊は進んでおり、国費を投入し、所得補償をしてまで、農業を支えようとしている現実の中で、TPPが進んでしまうと、さらに状態が悪化し、差額を支払うとしても、財政的には不可能である。

私の地元の高知県のような地方では、そのことが目に見えており、過疎、限界集落が進んでいくのは、避けられないことがわかっているのである。

日本の農家の平均年齢は、57歳。兼業農家も認められ、退職してからも地方の経済、環境を支えている。農外収入で、金曜・土曜に営農をして、経済が支えられているが、関税がなくなり、減反がなくなれば、価格低迷で、農家の収入はさらに下がる。

今でも厳しいのに、これをさらに厳しくして、どうして、地方が栄えていくのであろうか。地方を守るには、農業、林業を通じて、国土を保全してゆくことも必要である。文化、生活も守っていかねばならない。

今、人々はかろうじてふるさとにとどまって、地域社会を守っている。しかし、公共事業は減らされ、入札は厳しくなり、地方交付税も少なくなり、山を守っている治水、治山予算も減額となっている。このような現状で、どんどん財政的に切り詰められ、高知県は、全国の中でも、特に自由化の影響をこうむっている地域である。

TPPに参加してもGDPは2700億円しか伸びない

農業の関税を撤廃すると、価格差の補てんは、国外からの金か、日本の国内税金で守ることになるが、今の財政でそれは無理なことである。たとえ、TPPに参加したとしても、輸出でのアメリカの関税はすでに低いため、GDPは一年で2700億円しか伸びない。そのために、関税をゼロにしてしまうと、失うもののほうが大きい。

「農業と他産業の組み合わせ」「知恵を集めて経営革新をする」「競争を避けて、守るだけでは、農業は続けられない」

そんな声が推進論者から出ているが、ゼロ関税になったら、今、頑張っている人を守っていくことができなくなる。ゼロか100か、それによって、路頭に迷うことがないようにするのが政治である。

FTA（自由貿易協定）やEPA（経済連携協定）の2国間協議で、そのような関税交渉をすることは可能である。TPP参加で、一切の関税の障壁をなくすることは、防波堤、堤防をなくすることである。これでは、急にやってくる津波を防ぐことはできない。ダムや堤防は、いざというときに、社会と国民の生命を守るためにしっかり作っていく危機管理の手段である。

何のために関税があるのか、それは、国内の生活、業界を守るためにあるのであり、すべて撤廃して、自由化を進めることは、国内産業をつぶすことである。生産コストで、日本は太刀打ちできない分野が多すぎる。これに、参加することによって、生産者がめげてしまう。拙速に物事を進めるべきではない。

農業従事者、医療、金融業者は危険と感じている。現場は、疲弊する可能性が高いと言っている。TPPには、参加すべきではない。

●消費税増税の不等式を算定せよ

——2012.1.20

「高速で飛ぶ電子の位置と速度を同時に正確に測ることはできない」

これは、今から約80年前にドイツのハイゼンベルクが提唱した量子力学の不確定性理論である。

このたび名古屋大学の小澤教授らが、この不確定性原理には理論的に欠陥がありうるとした「小澤の不等式」を発表した。小澤教授らは、原子を構成する中性子の「スピン（自転）」の向きに関連した2つの値を精密に測定し、測定限界を超えた精度で2つの値を測ることに成功。小澤の不等式をもって、不確定性原理に矛盾のあることを確認した。

この不等式を国会の財政・消費税増税議論に当てはめてみると、政府の提案する消費税3％の増税分による増収は7兆円である。この7兆円に見合う数字を探してみると……。

国・地方の公務員の人件費、独立行政法人、地方教職員の補助人件費は総額35兆円近くである。民主党の公約の通り2割削減すると、ちょうど7兆円となる。不等式で見てみれば、まさに消費税増税分と一致することになり、民主党の政権公約を果たせば、消費税を上げなくてもいいことになる。

民主党はいくつの公約を実現した？

野田政権は、消費税の増税が必要であると言っているが、その前に、2年前の選挙で自ら国民に約束した公約を実現すべきである。

子ども手当、農業の戸別所得補償、7万円の最低保障年金、後期高齢者の医療改革、年金の一元化、行政改革の無駄の撲滅――。

さまざまな公約を掲げて政権についたわけであり、これらを実現したら14兆円の財源が出てくるとも言っていた。だから、選挙では消費税を上げる必要がないとも言っており、あれから2年、民主党は、自分たちの公約をいくつ実現したというのか。

年末に議論された社会保障と税の一体改革では、いったいどんな年金制度にするのか？医療・介護の姿は？　社会保障の将来の姿を数字的にまとめ、消費税の引き上げの必要性を国民に説明したのであろうか。

荒っぽい素案だけまとめて、野党と事前に協議したいと言っているが、その前に、政府与党には、全省庁の官僚・スタッフ・学識者があり、国家の機関を総動員して、将来の国家の財政、社会保障、国民生活、経済状態、産業構造の姿を数字で展望し、そのための財政の国民負担を提案すべきである。

野党に相談する前に、できるだけ早期に閣議決定して、消費税増税法案として、国会に提出すべきである。「事前に協議を」と言うなら、連立の組み替え、大連立内閣を作って、その枠組みで責任を持ってやる意思があるのか、野田総理は、そこまでの腹を持っているのであろうか。

今の野田内閣の姿勢は、完全に甘えている。民主党内は、本当にまとまっているのか。与党内の精緻な議論も、何の展望もないまま、物事を進めようとしている。このままでは大混乱になってしまう。

与党・政府の自らの責任を放棄して、国会の枠を壊して、与野党の枠もなくしてしまったら、大政翼賛会のような議論のない国会になってしまい、国民の意思を反映した議会制民主主義が機能できなくなってしまうのである。

野田政権がやるべきことは、できるだけ早く、数字に基づいた消費税の不等式を完成させ、消費税が、いつ、どれだけ必要であるのか、国民に示すことである。閣議決定をして、法案を国会に提出し、国会で議論し、国民に判断を求めるべきである。国民に負担を求めること、都合の悪いことだけ、野党に責任を求めてくるやり方は、政権与党ではない。
我々も、できるだけ早期にその議論を開始すべきである。

――2012.3.2

●野田総理・谷垣総裁、極秘会談

野田総理大臣と自民党の谷垣総裁が、2月25日、2人で極秘会談していたことが報道され、永田町は騒然となった。「謀《はかりごと》は密なるを貴ぶ」と言うが、はかりごとが、他に漏れれば、相手にその備えをされ、成功がおぼつかなくなる。

2人とも会談を否定しているが、何で、こんな大事なことが、マスコミに漏れるのか。しかも、2月29日の党首討論で、谷垣氏が基礎年金の国庫負担分の財源に消費増税を充てると明言すると、首相は「一緒に消費税を引き上げる努力をしよう」と呼びかけ、谷垣氏も「解散をやれば、私どもと方向性が合う。その先に協力する道は開ける」と呼応した。

会談が報道されたのが、党首討論の直後であって、何やら、反対する人の意図的なものを感じる。総理が、なぜ、谷垣氏と会ったのか、それは、党内で小沢氏が、強硬に消費税を上げることに反対をしているからである。首相は小沢さんではなく、谷垣さんに消費税増税への協力を求めたということだ。消費税法案採決のときには民主党内は、小沢、鳩山系列は、大反発をするだろう。

谷垣氏の動きに自民党内の空気も厳しく、「沈没する野田内閣に、総裁が救命ボートを差し出すなどしないと信じている。事実関係を説明すべきだ」「党首討論は茶番だったのか。谷垣氏の求心力は下がる」とか、反論もある。

しかし、私は、将来の日本のために、この会談は大事な会談であったと思う。消費税を上げることがとん挫すれば、我が国の経済、社会保障に大きな影響が出ることになる。この国会中に処理しておかなければならないのだ。まさに国難にいかに対応するのか、単に党利党略で考えるのではなくて、大局に立って、両党の指導者は、判断すべきであるし、意見交換もしてもらいたい。

第3章

防衛の真実

・アジア外交・安全保障はこうなる

――2012.4.20

2012年は、米国、韓国、ロシア、中国において、大統領や国家主席が交代する年であり、国際的に世代が交代する年である。歴史的には、永遠の友好国もなければ、永遠の敵国も存在しない。それぞれの国には国益があり、その国益があるところに安全保障は存在する。

国家の破たん危機は、ある日突然起こるものであり、経済や体制の崩壊は、いつどこで起こるかわからない。我が国周辺では、中国の軍拡が20年連続2ケタ台の伸びを続けている。中国漁船や戦闘機の領海、領空侵犯が多発しており、今年も、中国の軍事行動は、大胆になっていくと思われる。

北朝鮮は、経済不振と後継者への権力継承で不穏な動向が強まり、ロシアのナショナリスティックな傾向は、領土問題や外交姿勢にも反映され、今後とも、不測の事態に常に備えなければならない。

我が国は、米国との同盟関係を重視し、戦略的に連携を強化して、共通の利益、価値観を守って、しっかりとした目に見えた戦略をもって、安全保障体制を維持しなければならない。

最大の注目点、北朝鮮情勢

２０１２年の最大の注目点は、北朝鮮情勢である。金日成生誕１００周年、金正日生誕70年を迎え、国家独立をたたえるイベントが盛大に開催され、金正恩氏が国家第一書記に就任した。北朝鮮の国民は、指導者からの贈り物を期待しているが、北朝鮮は、経済的に疲弊しており、もはや、国民にサービスを提供できる余裕がない。

国民の不満をそらすために、ミサイルの発射には失敗したが、今後は核実験など何らかの武力行使に出てくる可能性が否めない。現在の北朝鮮の体質は、非民主的、世俗的、時代遅れの王朝的な体制の軍事国家であり、独善的なチュチェ思想で統治している前近代の中世の宗教国家である。

２０１０年のヨンピョン島への軍事挑発は、後継者の金正恩氏への政権交代を踏まえて、新君主を偉大なものにするためにやったものである。このような軍事挑発には、絶対に屈しないよう、高度な戦略をもって冷静に対応しなければならない。

中国や米国には、交渉のシグナルを送っているが、北朝鮮は、合理的に交渉できない国であり、核・ミサイル・拉致といった問題を解決するためには、日米韓で強固に対応するしかない。ともになすべきことを増やし、共同活動ができるよう周辺事態（半島有事）における日米協力のための指針であるガイドライン法を強化すべきである。

中国の習氏はカリスマ性、変革指向が希薄

中国は、党中央政治局常務委員会の9人のうち、習近平氏と李克強氏を除く7人が入れ替わる新政権が発足し、新しい国家主席と首相のもとに、バブルが崩壊しつつある中国経済の変革に対応しなければならない。

習氏は、予備投票で選ばれたため、共産党の各グループとの利害相反が小さい、最大公約数的なリーダーとして支持された背景がある。共産党の利権グループが望んでいるのは、自分たちの地位、利権の確保であり、過去20年にわたる高度経済成長をもたらした「成功の方程式」を変えずに、新政権が引き継がれることを望んでいる。

中国も2008年のリーマンショックで、先進国経済の低迷が長期化し、成長を支えてきた「輸出」と「投資」の頭打ちが避けられなくなっている。内需主導の成長への転換や、

そのための社会保障の充実などの方程式の書き換えが必要である。しかし、習氏は、カリスマ性も変革指向も希薄であり、従来の経済路線を変えない前提で選ばれたリーダーであるため、これを変えようとすれば党内の反発が避けられない。

中国の共産党の一党独裁体制は簡単には崩れないが、新政権では意思決定のスピードや政策の実行力がこれまでより低下するであろう。

米国に想定される3つの経済シナリオ

米国は、2012年11月の米大統領選に向けて、国民の顔をうかがって政治が動いていくであろう。オバマ氏は、失業率が9%台に高止まりし、V字回復の兆しが見えないが、大統領選で築いた強力な組織力と草の根選挙で再選を狙っている。

経済的には、3つのシナリオが考えられる。

第一に、環境規制による刺激策、脱石油のエネルギー革命を狙うシナリオ。思い切った規制を打ち出し、厳しいCO_2（二酸化炭素）排出規制や排ガス規制を実施することにより、規制対応に向けて技術革新を起こし、新興企業や新ビジネスで経済の活性化を図ろうとしている。

第二に、公的医療保険制度の確立などの大衆迎合のポピュリズムによるばらまき政治で、国内的には民衆のヒーローになるというシナリオ。しかし、経済はインフレになり、ドルは暴落するであろう。

第三は、経済の低迷を打開するために軍事行動を起こすというシナリオ。軍事力によって、米国やドルの信認を確保するという方法をとって、例えば、ミャンマーの軍事政権の人権弾圧、タイの国内混乱、パキスタンでのイスラム原理主義の政権樹立など、何らかの軍事介入の可能性もありうる。

野党は、共和党からロムニー前マサチューセッツ州知事が大統領候補に決定し、オバマ氏再選を阻止すべく訴えを続けているが、米国の経済的な先行きは厳しい。

ソ連の復活を目指す、ロシアのプーチン

ロシアは、プーチンが再び、大統領に再登場となるが、プーチンへの支持率は68%と高く、大国ロシアが比較的強固な国内的・国際的立場を享受する可能性がある。プーチンはかねて、エリツィンが解体したソ連の復活を究極の目的としており、関税同盟の強化、「自由貿易地帯」の設置、「経済共同体」の発足、「ユーラシア連合」構想の推進や集団安

全保障条約機構（ＣＳＴＯ）の強化を目指している。

ロシアは米国によるミサイル防衛（ＭＤ）の欧州配備をめぐってＮＡＴＯとの関係を完全には正常化できておらず、中国との連携を強化して、日米韓との軍事的な対立の要素も残している。それゆえ、東アジアの安全保障の枠組みの創設が必要となってくる。

——2010.1.15

●日本の評価を下げた自衛隊のインド洋撤収

２０１０年1月15日、インド洋の海上自衛隊による補給活動が法律の期限を迎え、「テロとの戦い」から撤退することになった。２００１年9月11日のアメリカ同時多発テロをきっかけとして、世界中の国々が「テロとの戦い」に参加する中で、日本は政府の国際貢献策として、その年の11月からインド洋での補給活動を始めた。私が防衛庁長官のときだ。それから丸8年、事故もなく、一人の犠牲者も出さずに、世界各国から高く評価される補給活動となった。

この活動で、８年間で９３９回、約51万ｋℓの燃料補給を実施した。この実績によって、

「日本は、お金だけで済ます国ではなく、実際に、人や艦船を派遣して誠意を持って協力する国である」という、正義感、国際協調の姿勢を示した。これは、国際社会で高い評価を得ており、厳しい環境の中で苦労した自衛隊員に心から感謝する。

米国は同時多発テロ事件で、ニューヨークの世界貿易センタービルやワシントンの国防総省がテロ襲撃を受けた。私は、当時の防衛庁長官として、12月にペンタゴンを訪問し、防衛庁（現・防衛省）や自衛官からの募金をラムズフェルド国防長官に渡してお見舞いを申し上げた。

それに対し、急きょ共同記者会見がセットされ、その場でラムズフェルド国防長官から、日本への心からの感謝の言葉が述べられた。その様子はCNNなどの報道を通じて、全世界に生中継され、日本がテロの撲滅に取り組んでいることを、プレーアップしてくれた。

当時の日米間には、経済摩擦や大きな政治課題があったが、このことによってすべて棚上げされ、日本は米国に心から感謝される国として、同盟国として、経済的に、政治的に、大変なメリットがあった。

改めて、お金ではなく、汗を流して、リスクを共有して、相手国のために行動することの重要性、「仲間とともに、行動することは、日本に大きな国益をもたらすものである」

ことを痛感したのだ。

国際的な評価を下げた民主党の小切手外交

しかし、民主党は、この活動をやめてしまった。アフガン支援資金は、5年間で50億ドル（約5000億円）、1年間で約1000億円払うことになったが、再び、日本外交は、お金で済ます以前の小切手外交に戻ったということになる。

国際的評価も低い。自衛隊の派遣、燃料補給にかかった経費は、年間70億〜90億円程度で済んでおり、最も安く、リスクのない、評価される活動であった。それをやめてしまったのは誠に残念である。今年度のアフガン支援のための財政支出は800億円だが、OEF（不朽の自由作戦）には8カ国、ISAF（国際治安支援部隊）には46カ国、10万2500名の軍人が派遣され、国際平和活動を展開している。世界では、日本の活動は見えず、評価の声も少ない。

2001年の9・11以降、テロ対策のための海上阻止活動（OEF-MIO）CTF150に参加している国のうち、現在でも10以上の国が、艦艇を派遣している。アフガニスタン国内のISAFには、欧州連合（EU）を中心に、計41カ国から5万名以上の人員が参加している。世界の平和と安定は、各国のリスクを伴う不断の努力なしには成り立たない。

政府は、沖縄の約束を守っていないばかりか、米軍の地位協定の改定や再編の見直し、核密約といった米国政府が嫌がる要求ばかり突き付けて、反米、嫌米の意識を高揚させ、日米同盟の信頼性を低下させている。

北朝鮮からの核の動向に対しても、核抑止、拡大抑止は必要であるのに、なぜ、核の持ち込みがあったことだけ追及するのであろうか。有事のために核抑止は、必要ないのか。国際貢献や北朝鮮の弾道ミサイル対処のことを考えれば、焦眉の急であるはずである。

●メドベージェフ大統領が始めた北方領土訪問

——2010.11.2

2010年11月1日早朝、ロシアのメドベージェフ大統領が、国後島を訪問した。これまで、ロシアの首脳は、ソ連時代も含めて領土問題があるので、一度たりとも北方領土を訪問しなかった。しかし、今回は、日本政府の再三の申し入れを無視して強行した。背景には、プーチン氏に対抗するためロシア国内の右派の支持を得ようとするメドベージェフ氏の再選への意思がある。中国の強硬姿勢に日本が折れた姿を見て、この機に乗じようとする意図が感じられる。

日本の外交は、尖閣諸島においては中国に、北方領土においてはロシアに揺さぶられている。ロシアの大統領は、意図的・計画的に、北方領土に立ち入った。これまで歴史的に見ても、ロシアが一線を越えなかったのは外務省の外交官が体を張って、それを阻止してきたからであろう。

今、なすべきことは、しっかりとロシアに強く抗議することである。メドベージェフ大統領は、日本とロシアの関係に傷を付けた。ソ連時代も、プーチン前大統領も、お互いの自制心が働いて、国のメンツを尊重していた。ロシアの若い世代の大統領ゆえに、過去のこと、自分のみの再選を意識したのかもしれない。

しかし、日本の政権の弱みに乗じて、日本の主権・領土を侵してしまった。このことは、日本のナショナリズムに火をつけてしまった。ロシア大統領は、日本とロシアの外交関係を悪くしたという、大罪を犯したことを自覚すべきであり、総理もロシアに、しっかりとした外交制裁を実施すべきである。

・ロシア・中国の対日戦略

――2011.6.9

ロシアのイワノフ国防相兼副首相は、政府高官として頻繁に北方領土を訪問し、軍事基地を増強すると明言した。そもそも、北方領土は日本の領土であり、終戦後にソ連がここを占領、日本人を追い出し、不法占拠が続いている。

ここに軍事基地を増強することは、我が国としては容認できることではなく、強く抗議をしている。イワノフ氏は、シンガポールのアジア国防大臣会議において、今回の北方領土視察をこう語った。

「民生向上の責任者なので訪問した。第2次大戦の古い本を閉じて平和条約を締結するのもよいが、条約なしでもやっていける」

ロシア政権幹部が平和条約締結は不要であることに言及したのだ。さらに、こうも言った。

「もう一度私が北方領土を訪問する。これまで3、4回行っているが、先月訪れた際には日本側から悪い反応が出て驚いている。平和条約がなくても、露日関係は悪くない。共存、貿易、人的交流をしている例は他にもある」

日本の防衛大臣を前に傍若無人の発言をしたのである。その後の日露の防衛大臣会談においては、北澤防衛大臣からは、特に、強く抗議した形跡もなく、何のインパクトも無く、成果を与えたものにはならない。

日米間の防衛協力難航に付け入る中国、ロシア、韓国

同じ会議に出席していた中国の梁光烈国防相との会談においては、対立を抱える東シナ海で日中間の不測の事態を回避するため、海上連絡態勢の整備に向けた協議を加速する方針でも合意。今後、防衛交流を再開し、夏には防衛大臣が訪中すると発表をした。

２０１０年は尖閣諸島中国漁船衝突事件があったにもかかわらず、円満に話し合いが終わったようだが、この会議が終わって１週間も経っていない6月8日に、中国海軍の補給艦など3隻が、宮古島の北東およそ１００ｋｍの排他的経済水域を通過し、さらに、情報収集艦1隻、駆逐艦3隻、フリゲート艦1隻、潜水艦1隻も沖縄沖で合流し、太平洋上で訓練を行ったのである。

２０１０年4月も、中国海軍の艦艇10隻が同じ海域を航行し、中国海軍の艦載ヘリコプ

ターが海上自衛隊の護衛艦に接近し、危険な状態となった。7月にも2隻が通過するなど、日本近海での中国海軍の活動が目立っている。

今回の大臣同士の会談は、何の効果もなく、抑止にもならなかったのである。

やはり、沖縄の米軍普天間基地の問題で、日米間の防衛協力が難航し、海兵隊のグアム移転の動きに対して、中国の軍事力強化など、日中間の海軍力のパワーバランスが変化し、中国、ロシア、韓国が付け入って、我が国の領土への侵犯行為や威嚇行為などの、外交的攻勢が増加しているのだ。

これは、明らかに政権が弱体化している日本に対する、国家の意思であり、歴史の必然である。日本は、ことあるごとに、これに働きかけ、抗議をしなければならない。外交は、しっかりした安全保障体制と国民意識によって、強い外交ができる。領土問題については、断固たる意志をもって支えていかないと、ますます付け込まれる。

首相、外務大臣、防衛大臣は、国際会議や外交交渉において、言うべきことを言わないと、他国は何も問題がないととらえる。閣僚は、国を代表する交渉人であり、明確に我が国の立場、意見を述べ、その成果を出さねばならない。

●ロシアとの関係をこじらせたのは前原元大臣

――2011.2.2

2011年2月1日、ロシアのバサルギン地域発展大臣が、国後島と択捉島を相次いで訪問した。大臣は、現地で「投資計画のリストを韓国側に渡していて、韓国側は北方四島を含めて回答を準備している」と述べ、ホロシャビン・サハリン州知事は「韓国側が興味を持っている事業は、建設や石炭、水産加工所、ホテル事業である」と強調した。

2010年11月1日、メドベージェフ大統領が初めて国後島を訪れて以降、ロシア政府高官の訪問が相次いでいる。北方領土の開発を担当する閣僚が開発計画を延長する方針を明らかにし、ロシア政府が北方領土を自国の領土として長期にわたって開発していく姿勢を示したことは、戦後、日本がしっかりと北方領土を取り返す外交努力をしてきたことを考えると、大幅に後退したことにつながる。

その背景にあるのは、日本とロシアの信頼関係の欠如だ。特に、ロシア政府首脳が日本政府の対応にイライラしたことが原因である。前原氏が2009年に国土交通・沖縄北方担当大臣に就任したとき、真っ先に釧路に行き北方領土を視察した。

国内的には、すっきりと、頼もしく、きちっと発言できる大臣として好意的に映ったようだが、公の大臣訪問で、ロシアの政府首脳の癇《かん》に障ったようだ。

前原氏は、北海道・納沙布岬や洋上から北方領土を視察後、「歴史的に見ても北方四島は日本固有の領土。不法占拠という言葉はその通りだし、言い続けなければならない」と述べた。

ロシアは、鳩山政権の対話路線と矛盾すると批判する声明を出し、「不適当で法的根拠を欠いた発言が日本で再びなされた」と「遺憾」を表明した。これは、民主党政権で、沖縄、尖閣諸島に続く大失点であり、大臣の思いつき北方領土視察は、日本の対ロシア外交戦略もなければ、思想もないものであった。これだから、素人大臣は困るのである。

いみじくも自民党時代の外交は、人間の安全保障やユーラシア外交、自由と繁栄の弧といった明確な外交姿勢があった。民主党政権では、政治主導ゆえに、専門家、識者、プロの外交官を大臣室から排除し、外務官僚にも説明を求めずに、独断専行の海図なき外交が展開されている。

●尖閣諸島、与那国島での中国の既成事実を許すな

――2010.8.27

2010年8月、安全保障委員会で東シナ海における日中国境中間線、沖縄南西海域の中国ガス田開発海域を視察した。自衛隊機で上空から見る東シナ海の中国のガス田開発。この目で見るのは初めて。海上権益を広げる中国の国家プロジェクトを目のあたりにした。天然ガスの掘削施設はまるで、海の中に浮かぶ海上軍事基地だった。

ガス掘削のためのやぐらは、かなり巨大で立派な施設であり、ヘリポートを兼ね備えたものもある。白樺、樫、平湖、八角亭の固定型に加え、移動式の掘削施設が確認できた。近くに中国の作業船らしき船舶も見られ、天然ガスの炎をあげながら稼働中の油井もあった。

この海域は、日中境界線沿いであるが、地下では我が国の資源ともつながっている。我が国の海洋資源が勝手に掘削されているのだ。福田内閣のとき、日中の首脳会談で共同の開発を行うことに合意している。中国は、単独で開発を進めないとしているにもかかわらず、現場では、どんどん資材を持ち込んで、我が国の了解なく資源を掘削している。

なぜ、政府は抗議しないのか、この事実を写真で国民に示さないのか。このまま続けば、東シナ海に浮かぶ、巨大なガス田開発施設が、中国の海軍基地化する可能性もある。

領空侵犯を繰り返す中国

尖閣諸島の上空を自衛隊機で飛んだ。尖閣諸島は、魚釣島を中心として、大小7つの島からなっており、昔、人の住んでいた住居跡や鰹節工場跡、掘削した港のような施設もある。我が国の固有の領土であることをこの目で確認した。

上空を通過しても、不審な要素はまったく感じることなく、我が国の施政下にあることを感じることができる。これも、自衛隊や海上保安庁の人たちが、不断の警戒監視をしてくれている成果である。1年365日、勤務に当たっている人々に感謝したい。

最近、中国海軍が戦闘機などの装備の性能を向上させ、どんどん南下し、領空侵犯をしている。沖縄の航空自衛隊飛行隊では、スクランブルの回数が激増しているのだ。中国が年々、経済力をつけて太平洋に進出し、沖縄・台湾・フィリピンを結ぶ第一列島線の制海権を得ようとしている。

中国の国防戦略では、2020年には、さらにグアムから南鳥島に至る第二列島線の制海権を獲得すべく、海軍の力を増強、近代化をする計画を進めている。漁業監視船、海底調査船、中国海軍が経済水域に入り、沖縄海域通過を、今後恒常的に行い、太平洋上での定期的訓練を積み重ねるようになるであろう。

中国の戦略は、このような既成事実を作って、なんとか西太平洋の権益を手中に収め、海上権益・国益・権力を拡大することにある。我が国は、尖閣諸島を国有地化し、海上警備体制を充実させ、国益を守るため、この正面にある陸海空防衛力強化を含め、しっかりした安全保障戦略を練って、整備していかなければならない。

——2010.9.12

●中国漁船、尖閣諸島侵入事件の真実

2010年9月9日、尖閣諸島の我が国の領海内で操業をしていた中国漁船を海上保安庁の巡視船が、立ち入り検査し船長を逮捕、書類送検した。尖閣諸島は、1885年以降、再三にわたり現地調査を行い、清国の支配が及んでいる痕跡がないことを慎重に確認した。その上で、1895年1月14日に現地に標杭を建設する旨の閣議決定を行い、正式に我が

国の領土としている。

　戦後のサンフランシスコ平和条約においても、尖閣諸島は、第3条に基づき南西諸島の一部としてアメリカ合衆国の施政下に置かれており、1971年6月17日署名の琉球諸島及び大東諸島に関する日本国とアメリカ合衆国との間の協定（沖縄返還協定）により、我が国に施政権が返還された地域の中に含まれている。中国も、サンフランシスコ平和条約第3条に基づき、米国の施政下に置かれた地域に同諸島が含まれている事実に対し、何ら異議を唱えていない。

　ところが、1970年の後半に、東シナ海大陸棚の石油開発の動きが表面化してから、中国は尖閣諸島の領有権を問題とするようになり、政治問題化している。しかし、現実には、東京在住の人が土地を所有しており、灯台や日本人が作った鰹節工場、船着き場もある。無人島であるものの、灯台を設置し、日本が実効支配を続けており、私も、自衛隊機において、魚釣島、久場島周辺の海域を視察したが、特に抗議めいたものはない。

　この海域は中国、台湾の漁船が漁場としている場所でもある。2010年8月以降、久場島の領域内に、中国の漁船の多数入り込みがあった。通常なら、警告をすれば、この場を立ち去っている。しかし、9月7日、午前9時17分、この海域を巡視中の海上保安庁巡視船「よなくに」が、中国トロール船「ミンシンリョウ」を視認し、退去するように警告したが、10時15分、向こうから体当たりをしてきたのだ。

その後、逃走。巡視船「みずき」「はてるま」で、これを追跡、立ち入り検査を求めたところ、10時56分、「みずき」に、接触してきた。海上保安庁が、進路規制、放水規制を実施したが、領域外に逃走した。追跡した結果、午後0時56分、ようやく停船し、立ち入り検査を実施した。海上保安庁の巡視船に体当たりしてから16時間が経過した8日午前2時3分、漁船船長を、海上保安官に対する公務執行妨害によって逮捕した。

中国の謝罪なし

しかし、中国政府は、謝罪するどころか、9日に尖閣諸島沖の東シナ海域に漁業監視船を派遣してきた。中国政府の姜副報道局長は、「中国の法律に基づき、漁業管理活動を行う。関係海域の漁業生産秩序の維持と、中国漁民の生命と財産の安全を守ることが目的だ」とした。漁業監視船は農業省に属する。この船は、自国領海で中国漁船の保護や管理、外国船に対する監視などを行う軍艦を改造したもので、ヘリコプターや銃器を搭載している。

中国はベトナムなどと島の領有権を争う南シナ海の一部にも同船を派遣し、護送船団方式の漁を行ってきた。姜副局長は、東シナ海のガス田共同開発の問題などに、この事件が与える影響についても、「主権の争いは敏感な問題であり、対応が不適切ならば、中日関係の大局に深刻な打撃を与えることを日本側ははっきりと認識すべきだ」と牽制した。日本に無断で、翌日も、日本領海内に30隻の中国漁船がおり、操業を続けている。

これに対し、日本は、警告を繰り返すなどしかできず、海上保安庁も対応に苦慮している。やはり、日本は独立国として主権を守らねばならず、領土、領海問題は、断固とした態度が必要であり、政府がしっかり対応をしなければ、既成事実を作られてしまう。

南シナ海のように、武装した漁業監視船に守られて操業を続けるようになれば、やがて、尖閣諸島を失ってしまうことになってしまうだろう。最近の中国の海軍力増強の度合いに対して、我が国の海上保安庁も、南西海域の防衛体制もしっかりしなければ、海上権益は守られない。

・中国への屈服を世界に知らしめてしまった船長の釈放――2010.9.28

9月24日、突然、那覇地方検察局が中国船長を処分保留、釈放という決定をした。同日夜、船長は石垣島に派遣された中国政府の飛行機に乗って帰国し、中国政府は、日本に謝罪と賠償を求めた。

中国は、それまでにも、経済圧力、邦人の身柄の拘束、要人の往来の断絶など、さまざまな外交圧力をかけてきており、政府はその圧力に屈してしまった。結果として、尖閣領土問題で日本がこれほどの屈辱と筋の通らない事態を招いたことは、政府が国の基本政策を遂行する能力に欠け、危機管理、事態の処理がまったくできていない統治能力の欠如を露呈してしまったからである。

今回、那覇地方検察局が釈放を決定したその理由は、「我が国、国民への影響や、今後の日中関係を考慮すると、これ以上拘束し捜査を続けることは相当でないと判断した」と言うが、政治主導を掲げた政府が、地方検察局の判断に任せていいのか。

政治判断であるなら、総理、官房長官、外務大臣が決定し、発言することではないか。

司法は司法として粛々と法律に沿って対処すべきで、外交政治判断はすべきではない。政治が超法規的な決定をした場合、総理や官房長官、法務大臣がその責任を負い、国民に説明をすべきである。

あくまで検察は不偏不党であるべきで、記者会見において、これ以上捜査できないと記者会見をすること自体、司法が圧力に屈したことになる。この期に及んで、それを司法にさせるなら、そもそも逮捕・拘留が間違いであったことになる。

外交官の意見を聞かない官邸の勇み足が元凶

今回の逮捕、拘留の判断は、担当大臣や官邸の勇み足だ。官僚や外交官の言うことを聞かず、先のことを読めずに、判断を間違ったからである。前原国土交通大臣も、石垣島の海上保安庁の現場まで行って、国民に対し、ビデオを見ればわかると、海上保安庁の職員を激励している。

まさに、逮捕を決断した大臣の責任であり、あとで釈放するぐらいなら、最初から強制退去で直ちに解放したほうが、事態をここまでこじらすことはなかった。大臣として、国会で「厳正に法による対処を行う」と閣僚が言明し、官房長官も、法務省にそれを指示したにもかかわらず、現場の検察に、政治判断をさせて、釈放してしまったことは、司法への信頼を失墜させ、三権分立を崩し、法治国家の原則を犯すことである。おまけに、日中関係悪化を、ここまでエスカレートさせ、この期に及んで、法を曲げて釈放したことは、中国に屈したことで、両国の国民感情を傷つけ、今後の尖閣領土問題をより一層複雑にしたことになり、その罪は大変大きい。

問題は、その後の処置である。前原国土交通大臣が外務大臣に横滑りになったが、国交大臣として、大見得を切って、威勢良く振る舞った責任はどこに行ったのか。勇ましいことを言って国民の期待を高めたものの、事態を悪くした上に超法規的措置で釈放した。その見通しの悪さ、失われた国家の威厳の損失は、明らかに日本外交の敗北であり、日本政府の失墜である。

内政の失敗は、後の努力で回復できることもあるが、外交・安全保障の失敗は、それを回復させることは難しい。世界中の国々が、日本は中国に屈したと評価しており、菅総理はその資質も、適性もないことが明らかになった。

●尖閣ビデオの流出の真実

――2010.10.15

中国漁船が、海上保安庁の巡視船にぶつかってきたビデオが、インターネットのユーチューブに流出した。国会では、「早くビデオを公開すべきだ」と、再三再四、申し入れをしていたが、政府の対応の遅れが、この流出につながった。これにより、誰が見ても中国の漁船が、日本政府の船に当て逃げしている事実が映像で確認された。

このビデオでは、中国の犯罪は明らかだ。なぜもっと早く公開しなかったのか、残念でならない。

ビデオ流出で抗議できなくなった中国

その後、神戸市の第5管区の43歳の海上保安庁の職員が、自分がビデオを流したと上司に申し出た。彼の行動を見れば、実に、頼もしい公務員であると思う。あの映像は、真実を語っている。政府は、なぜこのビデオを、最初から公開しなかったのか。このビデオこそ、我が国が法律違反をした犯人を逮捕したという重大な証拠であり、国民に対しても、外国に対しても、中国に対しても、その正当性を証明する重要な情報である。

彼は、この機密を漏らした職員として、公務員としての責任を問われることになるが、それも覚悟の上、事実を国民に知らせたかったのだ。現に、このビデオが公開された後は、中国も反感を表さなくなった。国会でも、ビデオの公開を要求したが、それでも、ビデオを公開しなかった仙谷官房長官の判断は、国益を損なってしまった。

このビデオは、そもそも海上保安庁部内の事例の研究ビデオであり、職員なら誰でも見られるものであった。当たり前である。海上取り締りの現場ビデオは、海上保安官にとっても、いい教材であり、今後の活動の資となるものだ。学校や職場で、見られるようになっていても問題ではない。

むしろ、危険な中、対応に当たる海上保安官の正当性を証明するものでもあり、国民に公開すべきものだ。当初は、マスコミ公開用のCDも準備していた。仙谷氏は、裁判に影響を与えるとして、それを拒否したが、犯人を釈放しておいて、証拠品の保護もない。

改ざんや損失の可能性のないビデオが、なぜ、国民に公開されなかったのか。もし、この人がビデオを公開しなかったら、事実は、このまま闇に葬られてしまったであろう。このまま終わってしまうことは、海上保安庁の職員である以上に、日本国民として、それが許せなかったのだろう。まさに、志を持った憂国の士である。

海の警備に当たる人々は真剣で、自分たちが、国を守っているという、リスクと誇りを持って仕事をしている。その苦労と正当性を政治家の幹部が、政府高官が理解せずして、どうして、部内の士気が維持できるのだろうか。命を懸ける仕事は、国民の支持と理解があって成り立つ。国民が真実を知り、海上警備の重要性を認識するためには、この情報が流出したことは、よかったと思う。

――2010.10.6

●日本と台湾の関係はどうあるべきか

尖閣問題で、大騒ぎのさなかの2010年10月、台湾における安全保障のシンポジウムに参加した。台湾は、戦前まで日本が統治していたが、戦後は中華民国となった。

中国軍のこの10年の軍備増強は、看過できないレベルになっている。海洋権益の拡大戦略に対して、台湾の存続を図るには、防衛力の増強と、日本およびアメリカの軍事力によるプレゼンスが必要である。

馬政権は「経済の中国進出」という中国からの甘い誘惑によって、自国産業、税収の空洞化を招いている。これまで先人が苦労して築いた国家の財産も、中国本土に吸い取られようとしているのだ。

このままでは、台湾の活力を失いかねない。米国や日本が甘い認識でいれば、台湾の中国への取り込み戦略が、どんどん進んでしまう。やがて台湾が中国に支配され、とてつもなく海洋権益を持つ国として、その国策を進めてしまうだろう。地域の安定、力の均衡のバランスを崩してしまうことを危惧する。

この流れに、日本と台湾、東南アジアの国々や米国がよほどしっかりしなければ、あと10年もすれば、東アジアは、中国に経済も政治ものみ込まれてしまうであろう。私は、シンポジウムで、次のような提言を行った。

1 尖閣問題において、中国と台湾が手を組まないように、日本側が台湾に対して努力すること

尖閣の領土問題は、存在しないものの、台湾の漁民については、お互いに通報することによって、自由に操業できるようにすること。台湾の漁民にとっては、日本統治時代、米

軍占領時代は、自由に漁業ができていた。サンフランシスコ条約締結後は、それができなくなったことに対する不満がある。

領土問題で、日本は譲ることなく、漁業ができるような協議を行うことによって、中国が台湾と組むような状況を阻止することが必要である。

2 中国は核を保有しており、核抑止は効かない。有事を想定し、必要な配備を行うこと

近年中国は、陸海空軍の近代化をしている。核戦略以外でも日米安保による抑止力が効くようにしなければならない。九州南西海域において、島嶼《とうしょ》占領、台湾有事を想定した、日米共同訓練を実施すべきだ。そして、台湾有事を想定した事態、日本有事に対する防衛計画を作成し、自衛隊の部隊を配置すること。また、沖縄の米軍基地の存続と活用も引き続き行うことが必要だ。

3 国家としての誇り、健全でお互いに競うナショナリズムを大切にし、国家としての威厳、主権、国益、主張をしっかり守れるような国にならなければならない

日本は、主権独立国家として、世界の国々と対等の立場で、堂々と言うべきことをはっきり言い、要求すべきことを恐れずに要求できる国家でいなければならない。このままでは、日本も、やがて中国やロシアの共産国家の力にかき消されてしまうか、自らが消えてしまうとも限らない。

日本が、島嶼奪回を実施するのは、当然なる正当行為であり、過度に中国に配慮し、台湾の存在を忘れることがあってはならない。なぜなら、太平洋戦争後、米国の戦後処理で複雑となった「台湾問題」について、米国、日本、台湾が協力して解決しなければならないからである。米国もさることながら、日本政府も主権独立国家の威厳を保ち、覇権国家中国を恐れず、日本、米国、台湾のためにも、アジアの平和と安定のためにも、努力をしていかなければならない。

私は、民主化された中国と、早くから民主主義を実践している台湾との間で、平和的に台湾の地位が決せられることが最も望ましいと多くの人とともに考える一人である。朝鮮半島の統一は朝鮮民族の悲願であるが、台湾と中国の統一は必ずしもそうではない。台湾問題の本質は台湾の人々のアイデンティティの問題であり、中国にとって台湾は「核心的利益」であり、統一は中国政府の国家目標である。

しかし、民族の運命は民族自身が決定するものであり、それはあくまで平和的に行われなければならない。日本はあくまで他の多くの国々とともに、平和的な解決を望んでおり、そのためにも中国の民主化が不可欠なのである。

民主主義国家同士は戦争をしない、という傾向は確かに認められるものの、一党独裁が崩壊して民主化されたバルカン諸国において紛争が勃発したように、それは必ずしも真理ではない。

ベストではないが、ワーストの選択を避けられる可能性の高い民主主義という、我々が到達したシステムは大きな価値を有している。数千年の間、中華帝国として世界に君臨しながら、10世紀後半以降、先に近代化した国々からプライドを傷つけられた中国は、そのシステムに対し最も激しい反発を感じているのかもしれない。

「民主化は共産党一党支配による統一中国の分裂と崩壊に直結する」と考えているが、近代中国の父である孫文は、その政治理論である「三民主義」の中で「中国は、軍事独裁から始まるが、やがて、賢人政治に移行し、必ずや立憲民主主義に移行する」と述べている。

この予言は台湾において、まず実現している。我々は、この言葉を胸に、その日が来ることを待ち望みながら、徹底したリアリズムに基づき、中国と台湾、この地域の平和と安定を維持するため、あらゆる努力を惜しむものではない。

・韓国、ヨンピョン島砲撃事件

——2010.12.16

2010年11月、韓国のヨンピョン島に北朝鮮の砲撃があり、訓練をしていた海兵隊や民間人が死傷する事態が起こった。私は、翌月にソウルを訪問し、殉職した韓国海兵隊の慰霊所に花をささげ、韓国政府や軍へ慰問をしてきた。

なぜ、北朝鮮が、突然砲撃をしてきたのかを聞いてみた。その狙いは、後継者の体制を確立することと韓国世論の分断であり、その裏には、在韓米軍を撤収させ、韓国の力を弱める目的があると言う。

韓国は南北対話政策によって、北への援助、支援を金大中《キムデジュン》大統領、ノムヒョン大統領と続けてきた。しかし、北朝鮮は、核は放棄せず堂々と米国に見せつけてきた。このような国際法に違反する理不尽行為をしているということは、相当、外交的に行き詰まっている。

今後、ますます、北朝鮮は不幸で不利な立場に追いやられるであろうが、我々もしっかりしなければならない。

北朝鮮としては「どうせ、反撃しないだろう」「中国は、北朝鮮を援護する」と考えているに違いない。事実、その通りであり、韓国や中国の国内状況を読み切った、いわゆる心理戦は、息子への新体制作りの布石であろう。

北朝鮮を利用して主導権を握ろうとする中国

今回の事態の意図は、すぐには効果が出なくても、長期的には韓国内に波紋を広げるであろう。北朝鮮は、米国を交渉のテーブルにつけさせるため、日本や韓国に対し、執拗にこのような瀬戸際外交を繰り返し、時間を稼ぎ、有利な交渉を展開している。

しかし、いつも、それを利用しているのは中国である。今回も、大きな非難をせずに、結局、北朝鮮を孤立させないようにと、自国が主導権を握って半島のイニシアティブを握ろうとしている。

朝鮮半島は、歴史的に、ロシア、中国、日本、米国のパワーバランスの上に、国境の形が変わってきた。現在も38度線は、停戦状態が続いていることを考えると、我々は、断固たる姿勢で日米韓の連携を強め、北朝鮮の核開発、ミサイルの製造輸出を止め、地域の平和と安定のために、日本の役割を果たさねばならない。

――2011.7.13

●なぜ沖縄に米軍が必要か

2011年7月に沖縄の仲井眞知事と懇談した。冒頭、知事から、「沖縄における日本の防衛戦略の地政学的な意味とは何か。これだけ科学技術が発達し、沖縄もIT関連産業を誘致し、コンピューターのサイバー攻撃、ミサイル、宇宙攻撃もある時代に、なぜ、米軍の基地が沖縄に必要なのか、その地政学的な理論が今でも通用するのか」と意見を求められた。

私は、次のように説明した。

「これからの中国海軍の軍拡や空母・戦闘機などの技術の進歩によって、東シナ海、中台問題も、今まで以上に、不測な事態も考えられる。また、中国の国力、経済力の増強で、政治的発言力も強まっており、今以上に緊急対処・抑止力の維持のための米軍のプレゼンスが沖縄に必要である」

さらに、沖縄の海兵隊には、すぐに行動できる移動手段が必要であり、悪天候、航続距離、維持管理など運用を考えれば、やはり沖縄本島に海兵隊のヘリ基地が必要である、とも説明。沖縄における米軍、海兵隊の必要性を伝えた。

民主党政権で沖縄県知事は政府への信頼を失った

民主党政権の2年間で、知事のスタンスは大きく変わっていた。

仲井眞知事は、2年前までは、米軍普天間飛行場の名護市辺野古への移設に理解を示してくれていた。しかし、「少なくとも県外に」と言った鳩山政権の安全保障政策によって、政府への信頼を失い、国に協力する姿勢を示すことができなくなった。

おまけに、沖縄の政治的事情が、名護市長選挙において「県外に」という方向が強くなり、知事は「この問題の解決がさらに困難になった、時間がかかる」とも言った。しかし、この問題は、時間がかかりすぎると、解決がより困難になってしまう。

２０１１年６月21日の日米安全保障協議委員会（２プラス２）において、クリントン国務長官が、「基本的に同盟を支持している人の中でも、さまざまなフラストレーションがたまっている。グアム移転は、普天間移設の目に見える進展にかかっている」と懸念を表明した。

ゲーツ国防長官も「レビン米上院軍事委員長らが提起した普天間見直し論の背景には議会のいらだちがある。今後1年を通じて具体的な進展を遂げることが重要だと話した」と期限を切って、日本政府に要望したのである。

次期米国防長官のパネッタ氏は、上院軍事委員会の公聴会で、「普天間飛行場を名護市辺野古に移設する現行計画をレビュー（再検討）し、計画通り進めるかについて就任後に判断する」と含みのある発言をした。

その背景には、上院軍事委員会のレビン委員長が、「普天間移設の現行計画は、非現実的とし、嘉手納基地に統合するべきだ」と主張したことにある。パネッタ氏は、「最善の方法は何かを判断するため、議会とともに取り組む。コストや政治的駆け引き、外交問題で先送りされてきたのだろうが、私は絶対に解決しないといけないと考える」と問題を先送りしない決意を表明している。

総理はもっと沖縄に足を運ぶべき

沖縄における、在日米軍基地の再配置において、このまま普天間移転を放置することはできない。2012年6月までに、日本が普天間基地の移転を進展させなければ、グアムへの移転、沖縄の基地負担軽減も見直すことになる。

国の安全保障において、一番必要なのは信頼関係の再構築であり、そのためには、政府・総理・官房長官はもっと沖縄に足を運び、東アジアの安全保障環境の変化や在日米軍の必要性、沖縄の地域振興策を説明し、沖縄に対する配慮と誠実な姿勢を示すべきである。

また、我々、国会議員も、政党の壁を乗り越えて、与野党の議員が、もっともっと沖縄との対話、懇談を重ねることが一番必要であり、誠意と信念に基づいた防衛政策の議論を重ねることで、解決の手段が生まれてくるものである。

「覆水、盆に返らず」というのではなくて、「覆水、盆に返らん」とすべきであり、我々は、決して頭越しでこの問題を解決しようとは思っていない。

――2012.1.24

●普天間基地は辺野古へ移転すべし

沖縄基地問題解決を推進するため、2012年1月に沖縄を訪問した。一刻も早く普天間基地の移転を図らねばならない。現実にどうするかは、日米合意に沿って辺野古へ移転するのが近道である。

2月には、普天間基地のある宜野湾市長選挙が行われた。市長選は、普天間の全面閉鎖を訴える元市長と、早期に県外に移転を求める自民党県議との戦いとなった。普天間の閉鎖を求める伊波元市長では、普天間は固定化される。早期に普天間の移設を実現するには、移設を求めている新人の佐喜眞淳氏が当選しなければならなかった。

ところが、野田政権は、市長選挙には中立を表明し、民主党県連も、移設派の候補を応援しようともしなかった。2年前の名護市の市長選挙でも、鳩山政権が県外移設を求め、辺野古反対派の市長が当選し、結果として普天間の移転が大幅に遅れることになった。

野田総理もこの時点で就任4か月を経たが、まだ一度も沖縄を訪問していなかった。民主党は、本気で普天間の移設を実現しようとしているのだろうか。これまでの政府が苦労し、地元の合意を得て、せっかく組み立てた普天間移転の道筋を壊したばかりでなく、このままでは日米の信頼関係まで壊れてしまう状況である。

今度の予算で沖縄には沖縄振興のための交付金1500億円を出し、沖縄対策をしている。しかし、基地負担の縮減を言うのみで進展はない。就任後、沖縄を訪問した田中防衛大臣は、知事の表敬訪問にとどまり、名護市辺野古すら訪問しなかった。

米国議会では、移転が難しいと見て、グアム移転予算が削除された。次期大統領選挙では、財政難で在日米軍撤退論まで主張する候補者が出てきたが、日本政府の取り組みに対する不信感そのものである。

県内移転までにすべきこと

政府は、2011年末ようやく沖縄県に環境評価書を提出した。条例と政府の2つの環境評価に対して、それぞれ35日と90日以内に沖縄県が意見を述べ、政府が最終回答を公告縦覧することで、工事着工までの手続きは終わる。

次は、工事に着手するための建設許可を沖縄県知事が認めるかどうかであるが、着実に、着工までの段取りを進める必要がある。知事の認可を得るため、あと1年後、沖縄の県議選や総選挙を経て、安定した政治基盤で県内移転を推進する必要がある。

それまでにやることは、第一に日米地位協定の変更である。国内の米軍基地は、日本にありながら施政権が及ばず、日本の法律が及ばない米国の占有地（占領地）である。罪を犯した米軍人が、この敷地に逃げ込めば、日本の法律で裁くことができない。主権を持つ国家として、誠に情けないことである。

戦後60年、そろそろ、日本の米軍基地は自衛隊が管理し、日米地位協定を改正し、米軍が、日本の法律に従って駐留できるよう米国と交渉することが健全な日米関係と言える。逆に日本が、米国国内に自衛隊の基地を駐留させ、教育や訓練ができるようにすることも視野に入れ、日米地位協定の、運用の改善でなく改定を求めるべきである。

第二に、沖縄の米軍基地に土地を提供している地主に対し、返還後の土地が利用されるまでの期間は、賃貸料を支払うべきだ。これまで安全保障で土地借用に協力してくれた人に感謝する意味においても、また、普天間の移転を進めるためでもある。それによって、基地移転交渉が順調に促進されるようにする必要がある。

第三に、中国やロシアの軍事情勢の変化に対し、西日本の南西正面の陸海空自衛隊の規模を拡大する必要がある。沖縄には、現在、陸上自衛隊の15旅団があるが、一つの連隊しか保有していない。日本の半分もある南西諸島の広い面積を占める防衛のためには、もっと部隊、人員、装備を充実させるべきで、そのための防衛計画の変更が必要である。

海上自衛隊も潜水艦、護衛艦、輸送艦の接岸できる補給施設が必要。那覇港や石垣島、宮古島に海上自衛隊の基地が必要だ。航空自衛隊は、那覇に航空飛行隊があるが、那覇空港は軍民共同使用で、離発着も大変混雑している。スクランブルの発進、事故防止、民間飛行便の確保・充実のため、もう一本の滑走路新設が急がれる。

また、宮古島の近くの下地島、伊良部島には、３５００ｍの民間航空会社の訓練用の滑走路があるが、ほとんど使われていない。国際災害援助や警戒部隊の航空基地として、航空自衛隊が利用すべきであり、那覇空港の拡張のときに、航空自衛隊の一部の移転ができれば、南西海域の軍事情勢の変化に対峙できることになる。

新しい国際情勢の変化に対し、日本の防衛・安全保障を考えると、沖縄における米軍基地、自衛隊の存在は不可欠であり、政府はそのことを踏まえ、沖縄の基地問題に真剣に取り組むべきである。

そのためには、沖縄県の米軍再編、自衛隊配置の南西正面の防衛政策推進のため、手順、説明、合意、戦略を示し、一つひとつ確実に、しっかりと協議をして、超党派で取り組むべきである。

・平時の領域警備をどうするのか

――2011.8.11

国内の原子力発電所の警備は、民間の警備会社に委託をしている。しかし、今の日本の法律では、民間人に実弾射撃を許していない。銃を持たない警備員が、どうして、凶悪な犯罪、テロ、ゲリラなどの脅威から、重要施設を守ることができるのであろうか。

少なくとも、民間警備会社の作業員の身元確認は厳格化すべきだ。その上で、彼らにも、武装させて警備をさせるべきではないか。また、警察でできない国内の重要設備は、当初より自衛隊を警備に当たらせるべきである。

テロやゲリラは、機関銃や手榴弾を持って、襲いかかる可能性もある。その場合、本当に警察の対応だけで大丈夫であるのか。今から10年前、私が防衛庁長官であったころ、米国の同時多発テロを受け、自衛隊の「警護出動」の法律を改正した。しかし、警察サイドの猛烈な抵抗によって、平時に自衛隊が警備できるところは、自衛隊施設や米軍施設のみとなった。

自衛隊の治安出動もあるが、襲撃される「おそれ」がある段階では発動できない。やはり、治安出動の前段階の準備行為としての警備活動は必要だ。早く対応できるよう、自衛隊にも武器使用の権限を持たせて、原発などの重要施設の警備につかせる必要がある。

領土と国民財産を守るため武器使用の基準を緩和させるべき

また、国の領土と国民の生命、財産を守るために、武器使用の基準を緩和させる必要がある。ロシアの北方四島の警備隊は、領海侵犯すると銃撃をし、死者が出たこともある。しかし、それが抑止力になって、安易に領海侵犯が起こらないようになっている。

竹島の韓国の基地建設は、ますます強化され、断固たる姿勢を顕示して、日本の領海侵犯を許さない姿勢を示している。一方で、中国漁船の尖閣諸島事案では、海上保安庁の巡視船が中国の漁船から追突されたが、こちらから先に、撃ってこないことを知っているから、このような、ナメた行動に出るのだ。これこそ、国を守る人の気概を損失させている。

尖閣諸島は、我が国が実効支配している領土であり、侵入者には断固たる措置を与えなければ守ることができない。今後の再発を防ぐには、領海侵犯をした者には、断固、毅然たる措置を講じること、武器の使用基準を上げることが必要である。

海上保安庁も、自衛隊も、命に代えても領土を守っている。これは、どの国家にとっても当たり前のことであり、国際法においても、国境の警備は、当然の権利である。「尖閣諸島には、領土問題はない」とする日本は、領海を侵犯した者は、射撃をもって阻止できるようにしておくことが、国家の領域警備というものである。それが、世界の常識でもある。

――2011.8.11

●海賊対策をどうするのか

ソマリア沖の海賊事案が急増している。2010年だけでも日之出郵船運航の「IZUMI」、大東通商運航の「オリエンタル　ローズ」、商船三井運航の「グァナバラ」が襲撃された。

襲撃された場所は、ソマリア沖でなく、ホルムズ海峡の湾岸の出口であるオマーン沖が急増している。この海域は、我が国が海賊対処を行っているゾーンの外であり、米海軍・NATOの艦艇に依存するしかない。

これで、本当に、海洋国家と言えるのか。我が国の船舶安全航行を確保する上において、国際法で権利が認められていることは、国家として行使すべきではないのか。米軍やNA

TOは、この海域の海軍の活動は海上治安活動（MSO）を根拠にしている。

この活動は、自国や他国の船舶の安全を確保するため、公海上（領海外）で臨検を前提条件として、発展的に拿捕《だほ》・撃沈が許されている。古くは18世紀のスペイン、イギリスによる海賊船取り締り、第2次世界大戦でのアメリカ海軍のドイツ潜水艦への攻撃などの実例もある。

海賊対処は武力行使ではない

これは、すでに、国際法の慣習によって確立され、世界各国に与えられた権利と言える。我が国の場合、その権利を行使していない。これは、憲法9条による武力行使に当たるのではないかと解釈する見方もあるが、海賊対処は、武力の行使ではない。

洋上の立入検査（立検）や臨検を行う目的の軍事的抑止行動、つまりOEF－MIO（海上阻止活動）が、国連の決議によって、可能になっている。米国は、この多国籍部隊をCTF（合同任務部隊）と位置づけ、米海軍第5艦隊司令官が、CTF150、151、152のオペレーションを行っている。

我が国の「グアナバラ」を救出したのは、CTF150の米艦船か、151の米艦船かはわからないが、米国では、一つの船が多くのミッションをもって、任務に当たっている。このため、海賊であろうが、テロであろうが、怪しい船があれば、船舶検査を実施し、実に効果的に軍が機能している。

日本も、OEF-MIOというオペレーションで、9・11のテロ対策として、対テロ法案を成立させ、武力行使に当たらない範囲で、CTF150の海上阻止活動に参加し、武力行使を伴わない燃料補給支援をしていた。この結果、湾岸戦争のときには「日本は小切手外交だ」と批判されたものの、インド洋の補給支援はそれを払拭し、アメリカからも感謝され、海自の技術・能力を活かしたよき国際貢献をしていた。

民主党政権は、テロ対策法案を憲法違反だと非難し、政権についたら廃案にしてしまい、OEF-MIO活動をやめてしまった。このインド洋での対テロ活動は、我が国の安全保障、船舶の航行の安全確保に関わることであり、早急に、立法化し、海賊対策もテロ対策も、この海域で行うべきである。

日本は海洋国家であり、世界からの貿易、海運、経済活動を維持するためにも、シーレーンの安全確保がなければ、経済が滞ってしまう。いつまでも、他国のお世話に頼っていい話ではない。

第4章

政治とは何か?

●東日本大震災・大津波、最高指揮官の過ち

――2011.3.11

2011年3月11日14時46分、三陸沖でマグニチュード9の東日本大震災が発生した。直後の津波の高さが10mを超える事態は、次々と人や車を巻き込み、山崩れ、地割れ、倒壊など、想像を超える惨事となった。

「どう身を守るのか、どこに避難し、何をすればいいのか」。日ごろから、それを考えて行動できるよう訓練をしておかねばならない。地震が起こったら、まず、安全なところに逃げること。いくら津波に備える堤防や待避所を設置しても間に合わない場合もある。

官邸の危機管理体制を見て、本当に全体の統制がとれているか疑問に思う。なぜ、官邸では、緊急非常災害事態を宣言し、安全保障会議を開かないのか。各省の事務次官を集め、救援体制の調整会議を行わないのか。不慣れな政治主導こそ混乱のもとであり、官房長官をヘッドに、最大限の力を発揮すべきである。

官邸を束ねるのは、事務の官房副長官であり、省庁を束ねているのは事務次官。まさに、指揮系統で言えば、官房長官は、危機管理の省庁の指揮官である。危機管理の要点は、

「現場を信頼し、任せること」。途中で上官が、あれこれ言って、現場の実情に合わない指示をして、混乱させ、緊急対応の邪魔をしないことである。

そのためには、各省庁を掌握している事務次官の調整会議が不可欠である。東北では、「ガソリンがない。食料がない。薬がない。灯油がない」。被災者は、生命の危機に陥っており、大変な事態が起こっている。

防衛大臣の横やりで東電社長の帰京が遅れた

また、名古屋にいた東京電力の社長が本社に帰れないため、自衛隊に緊急輸送を依頼した。官邸の危機管理監、総理秘書官からの要請で、現場の航空部隊が準備をし、社長を乗せて離陸したものの、飛行の途中で引き返すことになった。それを聞いた防衛大臣が引き返させたのだ。

おかげで、社長の本社到着は、翌日の朝となり、福島原子力発電所のベント作業の開始決定が遅れ、水素爆発を起こしてしまった。危機に際しては、報告相談するいとまがない。報告がないと怒ったり、シビリアンコントロールだから勝手なことをするなと、最高指揮官たる大臣が、現場も見ずに、あれこれ指示するなど、言語道断である。

指揮官は、指揮すべき位置を離れてはいけない。全体を把握し、各大臣を使って組織を動かすには、各級指揮官に任せることである。災害は有事ではない。どこで、自衛隊がクーデターなど起こすのか。緊急事態は、同時多発的にいろいろな要求がある。許可がないと動けないのでは、時間の無駄。相当の活動が滞ることになる。

しかも、防衛大臣は、震災当日の夜、官邸と防衛省への移動で、渋滞に巻き込まれ、3時間も、車の中で缶詰になっていた。非常事態は、何が起こるかわからない。情報は錯そうしており、道路は大混雑である。

政府は、冷静に、落ち着いて、国民に不安を与えないように対処しなければならない。そのためには、しっかり官僚を動かすべきである。特に、大臣や政務官の政治家は、不用意な行動、発言やパーフォーマンスを厳につつしむべきである。

——2012.1.31

●証拠隠ぺいで消された議事録

東日本大震災における東京電力福島第一原子力発電所事故に関して、政府が設置した会議の議事録などが作成されていなかったという。ありえないことである。私も、閣僚として政府の会議に臨んだことがあるが、会議には、官邸の秘書官、事務官、各省庁の書記担当が、一言も漏らさずメモを作成し、事後報告できるよう万全の態勢をとっている。

録音や録画をしているのが当たり前であり、10に上る政府の公式会議で詳細な議事録が存在しないことなど、明らかに隠ぺい、改ざんだ。みっともないことを発言した菅前総理や枝野前官房長官の発言や証拠を隠すことを目的としており、まったく信じられない、理解不可能なことである。

後の歴史的検証のためにも、復元した記録ではなく、持っている情報、記録をすべて出して、国民に明らかにしてほしい。公文書管理法では、重要な会議の意思決定や経緯を記した文書を作るように義務づけている。公文書管理法は、２００９年に当時野党だった民主党が法案の修正協議を主導し、制定されたものだ。役所が都合の悪い文書を勝手に廃棄しないよう、「保存期間を過ぎた文書の廃棄には首相の同意が必要」との条項を盛り込ませた。

自分たちが野党のときに政府の姿勢を声高に批判し、責任を追及したことが、そのままはね返ってきた形だが、ブーメラン政局はまだまだ続くようだ。

●違憲、衆議院の選挙制度をどうする

――2012.2.1

昨年3月、最高裁判所は、一票の格差が衆議院の場合で約2倍以上、参議院の場合では約6倍以上生じた場合には、違憲ないしは違憲状態との判決を出している。２００９年の衆議院選挙は２・３０倍で違憲判決となったわけだが、違憲と判断したのだろうか。

憲法では、国会は国権の最高機関であり、国の唯一の立法機関であると定められている。議員の定数も、憲法第43条によって、両議院は、全国民を代表する選挙された議員でこれを組織し、両議院の議員の定数は、法律でこれを定める、とある。しかし、司法が立法の決めたことに対して、違憲とか合憲とか選挙の無効を求める判断をすることは、許されるものではない。

まさに、これは、司法の憲法違反であり、国権の最高機関である立法権が決めるべきことへの、司法当局の暴走である。このままでは、地方の意見が反映できないような国政となって、人口格差はますます開くことになってしまうであろう。

格差についての判決は、１９８６年の衆院選総選挙では、２・９２倍で合憲、90年の衆

院選は、3・18で違憲、92年の参院選は、6・59で違憲、93年の衆院選は、2・82で合憲、95年の参院選は、4・97で合憲、2000年の衆院選は、2・47で合憲、01年の参院選は、5・06で合憲、04年の参院選は、5・13で合憲、05年の衆院選は、2・171で合憲、07年の参院選は、4・86で合憲、09年の衆院選は2・30で違憲判決となっている。

なぜ衆議院と参議院で判断が違うのか、年によって、裁判官によって、判断が違うのか。このようなことに答えを出すこと自体が、司法の不当介入である。

アメリカに一票の格差問題はない

アメリカ上院は、各州から同人数の代表を選出する方式を採用している。各州は同価値であることを強調することで一票の格差という問題概念を理念的に無視している。

今回の判決は、従来の都道府県単位の選挙区が果たしてきた意義ないし機能が果たされなくなるおそれがある。政治的にまとまりのある単位を構成する住民の意思を集約的に反映させることにより、地方自治の本旨にかなうようにしてきた。それを否定するものである。

国会では、この判決を解消する各党の協議が行われているが、中小政党に優先的に議席配分する小選挙区比例代表連用制の導入が現実味を増している。先の衆議院の選挙結果を当てはめてみると、公明党は比例だけで34議席、共産党も18議席に倍増する。

比例定数が180のままであれば、民主党の比例議席は11議席に減り、公明党は49議席、共産党も29議席と激増する。民主党内では、公明党が求める連用制導入を受け入れれば、消費税率引き上げを柱とする社会保障・税一体改革への協力も得られるとの思惑があるが、このままでは、多数派の形成が難しくなり、重要なことが決められなくなる。

現状を変えるには中選挙区制の復活

そうすると、ますます政治が混迷することになり、被害を受けるのは国民である。現状を変えるには、中選挙区を復活させることである。2大政党で政権を争う現行の小選挙区比例代表並立制（小選挙区と比例との組み合わせ）から、実質的に比例代表選挙（当選者数が政党の比例配分）になる小選挙区比例代表連用制に移行するぐらいなら、人物や個人の政策を判断する中選挙区に戻し、政党に縛られない政治を標榜したほうがいい。

政党の党首の言動に左右されることなく、人物で選んだほうが、有権者も納得する。現在の議員は、小選挙区で当選してきた人ばかりであり、日ごろからの選挙活動で、なかなか現行制度を変えることは難しい。しかし、この15年の小選挙区制度の選挙によって、ずいぶん、粗い、表面だけ議論される、軽薄な大衆迎合の政治となっている。その改善を自ら行うべきである。

——2011.12.16

●年金制度を抜本的に考える

自民党の「年金制度を抜本的に考える会」の会長に就任した。この会は、河野太郎議員などとともに、年金が本当に信頼され、維持されるものになるよう、抜本改革を実現することが必要と考える議員が集まった会である。

政府は、「年金は、100年安心だ」と、説明している。これは、本当に大丈夫なのか。これまで、それに疑問を持って、検証をしていた民主党議員までもが、厚生官僚にのみ込まれ、何の根拠もなく大丈夫だとしている。もっと、現実をよく見る必要がある。

2006年度の年金積立金（厚生年金と国民年金の積み立て合計）は、149・1兆円であったが、2011年度には、111・7兆円になっている。このままいくと、2025年には、積立金がゼロになり支給できなくなる。

近年、積立金が減少するようになった原因は、2004年改革で予定されていた、スライドによる給付カット、特例水準がまったく行われていないこと、積立金の高い運用利回りが達成されていないこと、デフレで、賃金上昇率が高くなく、失業者、非正規雇用者が少なくならなかったことなどがあげられる。

そもそも、年金の制度設計自体に無理があることが、現実のものになっているのだが、それでも、厚生労働省は、今なお、100年安心プランは維持されると言い切っている。これは明らかに粉飾決算であり、この時代に、今後も、運用利回りが4・1%で積立金が増えていくという、バブル時代の右肩上がりの発想を続けている。

リーマンショックで、円高、ゼロ金利、デフレ経済が進んでいるのに、その実態を受け入れないまま、いまだに大丈夫だと宣言し続けているのは、まさに、太平洋戦争の「撃沈、撃沈、また撃沈」。亡国への戦禍発表であり、どこまでも「日本は負けるわけがない」の大和魂の発想で、国家を崩壊させた悲劇を、今、年金と財政破たんで繰り返そうとしている。

年金の試算は願望の積み上げで作られている

我々は、冷静に、事実を分析し、受け入れなければならない。年金に関しては、2004年には改正があり、2009年には財政検証が行われたが、まさに、帳じり合わせの100年安心粉飾を続けている。

このときの検証で、2016年以降の運用利回りは3・2から4・1に、賃金上昇率も、2・3から2・5へ、物価は、1％のプラス、出生率なども願望型の試算をしており、現実と乖離したものである。

にもかかわらず、小宮山厚労大臣は、その数字をあげて、「100年安心のプランでございます」とテレビの番組で語っており、悪い官僚に取り込まれ、澄ました顔で、国民に安心ですよとアナウンスしている。これは、某国のテレビで、将軍に寵愛されている国営放送のアナウンサーが、国民ににこやかに、「この国は、何と素晴らしい国であるか」と宣伝している姿に似ている。

民主党は、今、社会保障と税の一体改革の議論をしているが、この数字のマジックを、おかしいと言っている人はいるのだろうか。厚労省は、人口予測は国勢調査のある5年に一度しかやらないので、2012年まで、計算するのは不可能と言っている。しかし、人口予測は、毎年出る総務省の人口推計や厚労省の人口動態統計もある。

大事なことは、早急に、制度設計を変更して、正直に計算し、積立金が、もはや早期に取り崩され、ゼロになることを悟り、その数字で年金の制度変更を求める真実のデータに基づいた議論をすることだ。そうしなければ、消費税や社会保障費の徴収自体の信憑性も疑わしくなるのに、民主党は、年金の実態を踏まえた議論をしていない。

厚労省の役人は自分を守るだけ

厚労省の年金政策を見ると、役人は、自分たちを守ることしか考えていないのは明白である。

厚労省内の社会保障審議会年金部会と、その下にある経済前提専門委員会は、100年安心を言ってきたメンバーで構成され、ほとんどの委員が、厚労省のアジェンダ設定をして、露骨に異論を言わせていない。

運用利回りについても、4・1%を目標とし、これを達成するため、GPIF（年金積立金管理運用独立行政法人）が、非常にリスクの高いポートフォリオを組むことを要求した。

だがさすがに、長妻厚労大臣（当時）も、日銀出身の川瀬GPIF理事長（当時）も、リスクの高いものを拒否した。その後、厚労省がやろうとしているのは、今後も、4・1％を達成させるために、GPIFの運営の在り方に対する検討会を創設し、理事長の権限を奪って、理事の合議制と、経済前提専門委員会を改組して、リスクの高い運用をしようとしていることである。

自分たちのメンツを立てるために、ばくちに走っている役人に、年金を任せられるのだろうか。このデフレの時代に、4・1％の利回り運用すること自体、さらに借金を増やしている元凶であり、これ自体をおかしいと、政治家は思わなければならないし、行動しなければならない。

――2011.2.3

●徳を身につけると、人生は楽しくなる

才という字は、横一線の棒（大地）の下に根が伸びて、地上にわずかに若い芽が生える

形に見える。大地に、根っこに、小さな芽。これを成長させ、大木にするには、根を張らせることであり、土壌の養分が欠かせない。

養分は、徳である。では、人間の成長にとって、必要な徳とは何か。それは、慈《いつく》しみ、情け、思いやり、包容力、さらに寛大さであり、明るさ、清潔、正直、礼儀、忍耐、物事に対する一貫性といった精神的なものであり、義理、人情、浪花節の憐みの心である。

この徳を吸い上げた人は、大いに伸び、枝分かれし、葉が茂る。徳を学び、徳を身につける人は、強く、堂々と、楽しく生きている。やましいこと、恥ずかしいことがないから、堂々と、胸を張って生きていける。徳のある人生というものは楽しい。人間は、やる気があればなんだってできる。

さまざまな人と出会って、大きな人間になって、人生を楽しむ。

どうすれば、大きな人間になれるのか。苦は楽の種、楽は苦の種。厳しい、苦しい、いやなときこそ成長しているときと考える。楽しい、調子がいい、優位に立っているとき、さぼっているときは、退化しているときと考えよう。

私も、自衛隊や学生時代は、成績は良くなかった。でも、やる気だけは人一倍あって、努力はしてきた。そんな意欲と夢と毎日の努力と運命が重なり、知らないうちに、意図せずに、防衛庁長官になることができた。

考えるに、一番良かったのは、自衛隊時代に、徳を学ぶことの重要性に気がついたことである。徳を積んだ人は、必ず幸せになれる。「積善の家に余慶あり」。それを信じたことである。立派な行いは、やがて、実を結ぶ。これは、自然の原則であり、人間の昔からの教えである。

自分を鍛える。どこまでやれるのか。今のこの苦しみこそ、痛みこそ、自分が伸びている証拠である。自分を鍛えるのは今しかない。苦しみは楽しみであり、肥料であり、自分の弱点を克服することこそ、強くなることである。そう努力しているうちに、器が大きくなる。だから、進んで、弱いところに挑戦する精神こそ、成功の秘訣である。

政治家の仕事とは何か?

政治とは何か。政治家の仕事とは何をするのか。政治家として、何をするにしても、徳を持って考え、物事に接することである。自分の心には嘘はつけない。純粋な心になってこそ、理と一体となって、未知の世界を創造していくことができる。

政治家にとって、一番大事なことは、欲望を捨てること。無為になること。自分が果たすべき務めを果たすこと。

好き勝手にやるのではなく、自分が為すべきことを為すことであり、知行一致、知ることとは行うことの始めであり、行うことは知ることの完成である。人の上に立つには、人に好かれること。運があること。判断を間違わないこと。責任を逃れないこと。

そんなリーダーのところに人は集まる。政治家とは、国民に代わって、社会の仕組みを作る人である。修己とは自分を修め、人を治める、世の中を治めること。混迷の世の中、何をもって治めるのか。それは、徳性である。才能だけでは、成功しない。徳がなければ、世は治まらない。

あらゆる場面を通じて、とことん、「良心に生きる、心身を修める」、その修行の連続である。「立ち向かう、人の心は鏡なり、おのが姿を映してやまん」。世の中のすべての道理はみな、自分の心の中にある。この世にある、多くの目に見えない徳を学び、身につけ、強く、堂々と、明るく生きることが大事である。

終章

志国私想

――政治は何をしなければならないのか

●利害、習慣、なれ合いと決別する勇気を持て

――2012.4.28

今日の政治・経済・社会情勢を見聞すると、「日本は、こんな国のはずではない」「いつの間に、このような低迷にはまってしまったのか」と考え、日本の将来を心配している国民が多い。

命がけ　山羊も食べない紙切れを　数えもせずに　あの世かな

これまで政治家は、国民の人気を取るため、口先でいいことばかり言い、右肩上がりの夢を振りまいてきた。国民への社会保障サービスを維持するため、財政の赤字を雪だるま式に膨れ上げさせ、国民の税金を平気で垂れ流すことしか決断できなかった。

その罪悪感すらなくなっている。このままいけば、国家の財政は破たんする。これからの政治は、行政改革、制度改正を行い、次世代のために借金を残さない健全でスリムな国家とするために、国民に対して、誠実であり、厳しいことも言い、真実を語り堂々と前へ

進んでいくべきである。

そのためには、まず、自分の利害、習慣、なれ合いと決別する勇気を持つべきだ。自分に厳しく、与野党の利害を超越した政治決断をする勇気を持つことが必要である。社会全体が弛緩し、本来の姿が麻痺した世相を変えていくために、政治は次のような志を立てて進んでいく必要がある。政治は、次の世代のために、早急に取り組まなければならない。

1 自由民主党の新しい理念の構築

自民党は、1955年に自由党と民主党が保守合同で合併し、戦後の日本の経済、安全、社会の基礎を作ってきた。立党の原点は、「政治は国民のもの。その使命と任務は、内に民生を安定し、公共の福祉を増進し、外に自主独立の権威を回復し、平和の諸条件を調整確立するにある」と宣言されている。自民党の政治理念は、第一に、ひたすら議会民主政治の大道を守ること。第二に、個人の自由と人格の尊厳を社会秩序の基本的条件とすること。秩序の中に前進を求め、知性を磨き、進歩的諸政策を敢行し、文化的民主国家の諸制度を確立して、祖国再建という大業に邁進せんとすることにあった。そのため、日本らしい日本の姿を示し、世界に貢献できる新憲法の制定によって、国家の主権は、自らの努力により護ること。国際社会の現実に即した外交を実践し、一国平和主義を排すこと。自助自立する個人を尊重し、共助・公助する仕組みを充実させ、自律と秩序ある市場経済を確立し、地域社会と家族の絆・温かさを再生し、すべての人に公正な政策や条件づくりに努め、将来の納税者の汗の結晶の使用選択権を奪わぬよう、財政の効率化と税制改正により財政を再建することにあった。これが自民党の原点である。

その後、世界の変化、世代の変化をしっかりとらえ、総理総裁を交代しながら、時代の変革をしっかりなしてきた。岸信介の憲法改正、池田勇人の所得倍増、佐藤榮作の沖縄返還、田中角栄の列島改造、大平正芳の売上税、中曽根康弘の行政改革、宮澤喜一の資産倍増、小泉純一郎の構造改革、ある意味、保守政党であり、改革政党であり、国民政党であり、民主政党であり、日本人の考え方に沿って、しっかりと意思決定してきた。

改めて、保守とは何だろうか。自民党とは何なのかを考えてみると、保守とは、日本の良き文化社会を守り、地域を守る人の心に沿って、絆のネットワークで、国を作ることである。時代に適さぬものを改め、良きものを護り、秩序に進歩を求めることであり、自由闊達《かったつ》に真実を語り、協議し、変える勇気を持つことであり、政治は国民のものという認識のもと、一部の団体や宗教に偏らず、幅広く国民の声を聴くことである。民主主義を大切にし、開かれた場所で、丁寧に議論をして、国民の目の前で政治を行っていくことである。最近、国民からの自民党に対する支持が下がっているのは、この原理原則を忘れてしまって、国民の生活が厳しくなり、政治が言うべきことを言わず、やらねばならないことをしないで、社会を後世の日本人に引き渡すことへの使命感が欠如してしまっているからである。

自民党が目指す国家とはどういうものであろうか。私は、日本人の持つ、徳性を活かした「和と絆」の精神を持った、温かい国、美しい国を作ることであり、自由、民主、平等、博愛、自律の原則を維持する、公平で、公正な政府を作ることではないかと思う。その中で、極端に悪化した財政を改善し、次世代の意思決定を損なう国債残高の減額を実現し、負担の少ない国家として、自国の安全保障を維持し、世界平和へ貢献することである。

2 憲法を改正し、日本らしい日本を確立する

「日本国は、長い歴史と固有の文化を持ち、国民統合の象徴である天皇をいただく国家で

あって、国民主権の下、立法、司法、行政の三権分立に基づいて統治される。

我が国は、先の大戦による荒廃や幾多の大災害を乗り越えて発展し、今や国際社会において重要な地位を占めており、平和主義のもと、諸外国との友好関係を増進し、世界平和と繁栄に貢献する。

日本国民は、国と郷土を誇りと気概を持って自ら守り、基本的人権を尊重するとともに、和を尊び、家族や社会全体が互いに助け合って国家を形成する。

我々は、自由と規律を重んじ、美しい国土と自然環境を守りつつ、教育や科学技術を振興し、活力ある経済活動を通じて国を成長させる。

日本国民は、我々の良き伝統と国家を末永く子孫に継承するため、ここにこの憲法を制定する。」


これは、このたび、自民党憲法改正推進本部が取りまとめた日本国憲法改正案の前文である。本部では今回、憲法について、すべての条文を読み返し、検証し、その改正案を提起することとした。

日本人は、どの程度、国家のことを考えているのだろうか。戦後の学校教育は、国家観に関することは、ほとんど教えることを避けてきた。愛国心、道徳、国旗・国歌、天皇陛下のことをどれほどの学校で、教えているのだろうか。先の大戦の背景にあったものは、教育指導要綱にもない。戦争の経緯を、どれほど、具体的に教えているのだろうか。歴史の試験にどのような回答をすればいいのか、おそらく、評価が分かれるから、学校で教えることができないのであろう。

しかし、戦後教育で失われてしまったのは、最も大事な、国家の価値と使命に対する教育である。それは、日本を統治する機能が戦後の混乱の中で、占領国から与えられたままになっていることが影響しているのだろう。天皇、国の形、自衛隊、総理大臣の権限、国会、内閣、司法をはじめとする国家機能など、すべてがそうだ。

徹底的に日本を弱体化させるため、これまでの歴史と文化、価値観を否定して、自由・民主・平等・平和といった新しい価値観を与え、知らず知らずのうちに、日本人の誇りと自尊心を封じ込めてしまったのである。

日本は、戦後65年以上経過し、やはり、今を生きる世代がもう一度、日本は自らの意思で主権を持ち、外交を展開し、安全保障に責任を持ち、文化歴史に誇りを持てる日本らしい日本を確立することが重要だ。そのために、国民のみんなが、こんな国でありたい、こんな国にしたいと真剣に見つめなおし、国民の総意である憲法の改正をできるだけ早急に実現するため、全力をあげている。

3 富国有徳の人づくり

今の日本人に必要なものは、自己責任である。なんでも行政が悪い、親が悪い、教師が悪い、上司が悪いと言って、事が起これば、行政や他者への依存、責任を追及する風潮が、全国津々浦々満ち溢れている。

急増している生活保護者も、「困ったら誰かが助けてくれるのだったら、まじめに働くこともないね」「別に困らないのなら、結婚することも、貯えもいらないよ」。そんな、自助努力の喪失が、個人の自由、民間の活力、地方の自治を阻害している。あくまでも、みんなが自己責任の精神で、自由と規律を維持して、この社会を発展させていかねばならない。

教育は、自然の偉大さ、優しさ、恐さを教え、感謝すること、反省することなど人の道を示すことである。特に、町内会、公民館活動、青年団、婦人会や消防団、保護司など、地域社会の絆の取り組みは、地域社会全体が人を育てている良き日本の風習である。

徳は、自分自身の才能を伸ばし、仲間とともに、力を合わせてより良い社会を作っている。徳とは、優しさ、慈悲、憐み、気品、温情、理性、忠誠、勇気、名誉、誠実、自信、謙虚、健康、明るさであり、自分以外の人間に対して、どれだけ自分のことを考えずに行動できるか、ということであり、自分のことをまったく考えずに、人のことを思いやることである。人間の目標は徳を積むことであり、そのために努力することが大事である。

社会の根本は、家族であり、家族とともに暮らし、ともに生きることに喜びを見出し、お互いに努力し合って、切磋琢磨し、良き社会人として世界に貢献できる人物を育てていかねばならない。そのためには、国民が国家のことを考えるため、18歳から2年間は、自衛隊に入隊し、規則正しい団体生活、自己鍛錬を行い、国家の防衛の人に付いて、日本の国家のことを勉強し、世界のことを知り、その後社会に出て、日本の経済が安定するようにしたり、また国民が国家を支え、協力をして、幸福に営みを行うことができるよう、そのための基盤、ステージを作る使命を持っている。政治には、自分たちの子孫が、さらに自ら持った能力を大いに発揮し、国の経済が発展し、再び日本が世界のリーダーとして、人類のために貢献できる国家となるよう、「富国有徳」の国を作るため、これからの人材を育ててゆく責任がある。

4 地域社会を再生し、日本の美しい自然を守る

日本が衰退した原因の一つは、第一次産業である農業、林業、水産業といった地方を支えている産業を軽視したことである。国民への食の提供は、安全保障の第一であり、日本人の心身、健康のためにも、食料自給、国土保全は重要である。

現在の食料自給率は39%、国産材の自給率は30%、水産自給率は60%という数字である。これでは、国家の維持に赤信号がともっているに等しい。まずは、第一次産業の従事者に自信と光を持たせるため、その後継者の育成政策を実施し、老後の安心安定のために、公務員並みの年金制度の樹立が求められている。

同時に地方の衰退が進んでいる。日本の国土の財産は、美しい自然を持っていることである。四季があり、海や山の風景は、人々に潤いを与えている。山村は、都市に住む人に、水、空気、食料、憩い、文化の深さを与えている。

地方は環境を維持し、国土を維持し、森林、海岸を守り、生活に必要なものを供給して

いる。だから地方は大事であり、地方存続、振興のために、地方分権、地方自治を旨として、地域社会が自立、自活できるような政策を実行していく必要がある。

5 人類共通の価値に貢献する外交。日米関係を基軸とし、アジアの安定・繁栄の先頭に立つ

戦後の日本の国家目標は、戦争を放棄し、飢餓と貧困、人間の持つ醜い心をなくし、お互いに協力し合っていく平和主義であった。二度と、国際社会から孤立せず、他国に対して武力の行使も、武力での威嚇も行わなかった。

これまでの自衛隊の海外派遣も、一人の人も殺すことなく、また、犠牲者になることなく、しっかりした国際貢献活動を続けてきた。日本外交の基本方針は、「人間の安全保障」であり、自由民主主義の価値観を持って、日米関係を堅持し、アジアの安定・繁栄の先頭に立ってきた。韓国、台湾、東南アジア、中国、インドと続く経済発展は、日本の経済・ビジネスモデルがその原点になっている。これからも、日本はアジアを発展させるリーダーとして、常に、一歩先んじて、新しい時代に対応できる外交を展開すべきである。

6　自助を基本とし、共助・公助はそれを補うとの考えで、社会政策、経済政策を行う

世界で、最も貧富の格差の少ないのが、日本である。平均年齢、医療制度、介護、年金、どれも、国民が等しく社会保障サービスが受けやすいように作られている。しかし、その制度の維持のため、財政負担が大きくなってきており、その負担と給付の在り方の見直しが、社会的急務となっている。今後は、自助を基本とし、共助や公助はそれを補うという形で、しっかりした社会保障制度を作り直していかねばならない。

7　経済の再生と成長のため、研究・技術開発を推進する

日本の経済の中核である中小企業の製造業は、新しい研究・技術を進め、新商品で世界標準を登録、本社、工場を国内に残すため、労働条件、雇用の在り方について、国際競争力に打ち勝つものに転換するべきである。

また、災害にも強い国土を築くため、公共事業、防災、社会インフラの整備に全力をあげ、安心して生活できる地域となるよう、市町村での街づくり計画を作成し、その推進に努める。

8 一極集中の是正など強靭な国土作りにより、需要と雇用を創出する

戦後、日本は、東京に人口が集まり、一極集中となってしまい、都市と地方の格差が広がった。地方では、限界集落や過疎問題、雇用機会の減少、所得の低下で産業が立ち行かなくなっており、人口の減少、市町村の衰退が止まらなくなっている。やはり、人々を定住させるためには、基幹産業である農林水産業を中心とした流通、販売体制を近代化し、複合経営となるよう、構造の転換をすべきである。

9 政治改革の実現

- □首相公選制の断行
- □小選挙区から中選挙区制への移行
- □議員定数には人口のみならず、面積、行政区画、交通など地理的要素も考慮する
- □政党助成金の使途公表
- □経国救済の本質回帰
- □統計情報の早期公開
- □早期財政健全化
- □適正金利の設定（ゼロ金利の廃止）
- □週休二日制の廃止

おわりに

我々は、野党になった。今だからこそ、何が悪かったのか、これまでの手法、考え方を改め、普通の目線で物事を考えなければならない。野党になった以上、自民党は出直すいい機会である。これまでのやり方は、今後通用しないことを肝に銘じるべきである。

そもそも、国民が求めているものは、これまでの個別の地域からの要望から、将来、この国が、大丈夫なのか、国家として、国民生活を守っていけるかどうかの根本的な対処要求に変わっている。若者たちが、将来の収入、雇用、年金、保険など。社会的根幹の制度自体に不安や不信感を持っているのである。

国家自体が、急速に進む高齢化、国際化、情報化社会に対応するため、しがらみやなれ合いの慣行をたち切って、無駄のない、負担の少ない、効率的な社会を望んだのである。

今、自民党がなすべきこと

今、国民が自民党に期待していることは、目に見えない将来の不安、仕事、生活、人生に対する危機管理、この国を何とかしてほしいということである。子育て、就職、受験戦争、リストラなど、いつの時代も、国民には心配が絶えない。今こそ自民党は、国家主権をしっかり踏まえ、自主自立の精神のもと、保守本流の信念を持ち、私たちの先輩が果たしていた責任と実行力を発揮して、誇りと希望あふれる国家を築いていかねばならない。若者は、将来の日本や自分の人生に対して、不安を抱えながらも、懸命に生きている。一人ひとりには、魂があり、理想があり、夢がある。家族があり、友人がいて、成し遂げたい目標がある。

政治は、そんな国民の思いを実現できるよう、そのステージを作っていく、チャンスを与えるプロデューサーのようなものである。しかし、国民に向き合わず、国家としてやるべきことを言い出さない政治家に国民はうんざりしており、まさに、今、政治家の質の向上、正直な姿勢、まじめな政治が求められているのである。

今の政治が国民の心に響いていないのは、現在の国会での論戦や与野党間の協議を見れば明らかである。いずれも、党利党略に映ってしまい、国会質疑では、大臣や他党の批判や揚げ足を取る質問ばかり。自民党は、もっとしっかりしてほしいとの注文があれば、「一刻も早く政権を奪還したいから」「そのために、早期に解散に追い込んでいるのです」「やっぱり自民党しか政権は運営できないんだから」と自己弁護と言い訳しかしないが、それは、慢心であり、まだまだ改心の域に達していないことの証明である。やはり、野党になったのだから、謙虚に、プライドを捨て去って、野良猫になるべきである。国民にとっては、自民党も、民主党もない。三毛猫であろうか、ペルシャ猫であろうが、野良猫であろうが、ネズミを獲るのが良い猫であって、国民の望む政治を実現するには、与党も野党もないのだ。

これまで、自民党が野党に転落してからの私の思いを書いてきたが、これは、地下室の暗室の中に閉じ込められたままの視点での、地上で活動している与党の政治に対する思いである。しかし、観覧している人にとって、地上にいるサルだろうが、地下の檻で待機しているサルであろうが、サルはサルで、どちらでもいいのである。

むしろ、国民が望むのは、党派を超えて、この国が良くなるために、ともに叡知を出し合って、ともに役割を果たしていくサルが、望まれている。いつになったら地上に上がれるのか、まだわからないが、今の境遇においても、いつも、国民のため、これからの国家の方針を決め、実行していくのが国会の仕事であると思っている。
最後に、この著書を発刊するに当たって、大変ご尽力いただいた幻冬舎・第二編集局の鈴木恵美女史に心から感謝します。

２０１２年　４月１日

〈著者プロフィール〉

中谷元（なかたに・げん）
昭和32年高知県生まれ。土佐高等学校を経て、防衛大学校に進学。昭和55年、陸上自衛隊に入隊。小銃小隊長、レンジャー教官を歴任後、平成2年、第39回総選挙において初当選。以来、連続当選7期目。
平成13年には小泉純一郎内閣のもと、自衛隊出身者として初の防衛庁長官を務める。現在、自由民主党政務調査会長代理として、党の政策決定に参画し、併せて、党是である憲法改正のため設置された憲法改正推進本部事務局長及び起草委員会委員長を務める。

なぜ自民党の支持率は上がらないのか
〜政変願望
2012年6月10日　第1刷発行

著　者　中谷 元
発行人　見城 徹
編集人　福島広司

GENTOSHA

発行所　株式会社 幻冬舎
〒151-0051　東京都渋谷区千駄ヶ谷4-9-7
電話　03(5411)6211(編集)
03(5411)6222(営業)
振替00120-8-767643
印刷・製本所：中央精版印刷株式会社

検印廃止

ISBN978-4-344-02195-2　C0095
幻冬舎ホームページアドレス　http://www.gentosha.co.jp/

この本に関するご意見・ご感想をメールでお寄せいただく場合は、
comment@gentosha.co.jpまで。